U0594901

高校档案管理的理论与实践研究

董晓玲◎著

吉林出版集团股份有限公司|全国百佳图书出版单位

图书在版编目（CIP）数据

高校档案管理的理论与实践研究 / 董晓玲著. -- 长春 : 吉林出版集团股份有限公司, 2023.6

ISBN 978-7-5731-3632-9

Ⅰ.①高… Ⅱ.①董… Ⅲ.①高等学校－档案管理－研究 Ⅳ.①G647.24

中国国家版本馆CIP数据核字(2023)第115398号

高校档案管理的理论与实践研究

GAOXIAO DANGAN GUANLI DE LILUN YU SHIJIAN YANJIU

著　　者　董晓玲
责任编辑　蔡宏浩
装帧设计　万典文化
开　　本　787 mm× 1092 mm　1/16
印　　张　8. 25
字　　数　170 千字
版　　次　2023 年 6 月第 1 版
印　　次　2023 年 6 月第 1 次印刷

出　　版　吉林出版集团股份有限公司
电　　话　0431-86129679
发　　行　吉林音像出版社有限责任公司
　　　　　（吉林省长春市南关区福祉大路 5788 号）
印　　刷　吉林省信诚印刷有限公司
标准书号　ISBN 978-7-5731-3632-9

定　　价　50. 00 元

PREFACE

　　高校档案是高校在招生、教学、科研和管理等活动中形成的历史记录，是国家档案的重要组成部分。它关系到高校的建设、人才培养、科学研究和行政管理等方面，具有凭证、参考、教育、存查的价值。因此，国家和高校都特别重视高校档案的管理工作。

　　档案管理工作是一项政策性和专业性要求都很高的工作，档案工作者的综合素质是影响档案工作质量的关键因素之一。随着社会经济特别是信息技术的快速发展，档案工作领域从理论研究到工作实践正在发生着深刻的变革，档案工作者必须适应这一变革，在工作中坚持不断更新观念、与时俱进，创造性地开展工作。首先要树立发展意识、竞争意识、开放意识和服务意识，以积极进取的思维方式和新的管理模式来激活档案工作，使档案服务走出封闭状态，更加贴近现实，更加贴近社会。另外，还要善于理论联系实际，在日常工作中积极探索档案工作的新途径，总结新经验。

　　本书主要研究高校档案管理的理论与实践，首先从高校档案的基础认知入手，对高校档案管理的各个业务环节的实际操作流程和方法进行详细分析。然后结合当下信息化与数字化的相关内容对高校档案的相关内容进行详细的阐述与探究，并在实践部分对高校相关领域的档案管理进行分析与总结。本书论述严谨，条理清晰，内容丰富，是一本值得学习研究的著作。

　　另外，作者在撰写本书时参考了国内外同行的许多著作和文献，在此一并向涉及的作者表示衷心的感谢。由于作者水平有限，书中难免存在不足之处，恳请读者批评指正。

CONTENTS 目　录

第一章 高校档案的基础认知

第一节 高校档案的含义、特点、意义与价值

一、高校档案的含义

教学是学校的中心工作。随着教育事业的改革和发展，教学文件、材料日益增多，高校教学评估各项指标日趋完善，教学档案管理尤为重要。教学档案是指在教学管理和教学实践活动中直接形成的且具有保存价值的文字、图表、音像等不同形式的历史记录。教学档案是学校教学工作方针、政策的真实写照，是教学活动和教学研究中不可缺少的依据和参考资料，是了解教学内容、考察学校历史、总结经验教训、改进教训管理、提高教学质量、促进学术交流的信息源。教学档案的建立和完善，对于总结教学经验、探索教学规律、进行教学改革、深化教学研究和提高教学质量，都有十分重要的意义。

高校档案管理工作是衡量学校教育质量和管理水平的重要标准，是学校各种评估工作的重要内容。而教学在学校占据的中心地位，决定了教学档案管理工作在学校档案管理工作中的重要地位。

高校档案是大学师生在长期教学、科研实践活动中创造和积累的知识财富和劳动结晶，其绝大部分是以长期形成的教学规范为基础，在教学管理、教学研究等工作中形成的高校档案主要形成于教务处和系一级教学单位两个教学管理机构，教务处对全校的教学工作起着统领与指导作用，其一系列活动会产生大量的教务管理文件与资料；系一级教学单位不仅要完成本系各专业教学任务，还要与教务处其他科室相协调，承担有关成人教育、普通教育及各种短训班的教学科研任务，各项教学实践活动会产生大量的信息资源，这就形成了宝贵的教学档案资料。具体地说，教学档案包括教学计划与总结、学术研究、学科建设、教师工作量、考试安排、教学大纲、教学日历、学生成绩与学籍、课表及各种规章制度等，它真实地记录了高等学校教学工作的方法和结果。

二、高校档案的特点

（一）固有特点

1. 来源上的分散性

教学档案是由教与学两方面材料转化而来的。从教的方面来看，其材料的来源是十分广泛的。相当一部分形成于学校教育管理业务部门，这部分档案包括上级教育部门的有关教育指导性的文件材料，本校制定的教学规章制度、教学计划、教学总结、招生、学时分配、学籍管理等方面的文件材料。另一部分教学档案则形成于具体组织教学的教研室、教师的教书育人活动之中。这部分档案包括教学总结、教材建设、教案等。从学的方面看，教学档案也来自方方面面。它既包括学生在学习过程中所形成的材料，也包括学生将所学知识应用于实践活动中所形成的材料，如成绩表、论文、实习报告、毕业鉴定等文件材料。总之，由于教与学既相对独立，又相互统一，因此教与学二者之间相互渗透，这使得教学档案来源之广泛是其他档案所不可比拟的。

2. 内容上的复杂性

由于教与学的特殊矛盾运动，特别是各级各类学校的专业设置与开设课程的多样性，因而教学档案的内容涉及人类知识的各个领域，有社会科学知识、自然科学知识、技术科学知识，可以说教学档案的内容包含各个方面的内容与成分，从具体内容来说，更是十分庞杂，有专业设置、教育方针、学生奖惩、教学总结、教材、师资管理等。此外，高校的教学档案还包括众多的内容，如由上级主管部门所下达的各项文件、中至院校所制定的培养目标以及设置的专业、小至教师制作的教学教案以及课件等。近些年，科学技术的快速发展，促使高校的教学档案呈现出多样化的特点。

3. 时间划分上的特殊性

在我国，档案的管理强调时间特性，往往以年代来区分、排列、管理档案，教学档案也不例外。但教学档案在年度的划分上又与其他档案不同。它是以教学年度和学制年度加以区分的。

此外，高校主要按照两种形式开展教学工作，一种是学期制，另一种是学年制。这也就使得高校的教学档案呈现出周期性特征，高校的教学管理工作主要由系院负责完成，对于不同届次学生的教学工作是以所学学制为一个周期来制订工作计划和总结检查的。因此，教学档案也应按学期、学年或学制来构建，形成周期性的档案，对以学期、学年、届次来组织教学的教学管理工作更具有参考和指导价值。为此，高校应当按照学期以及学年归档与整理高校的教学档案，由此促使周期性档案的形成。

4. 制成材料上的丰富性

教学档案要反映教学工作面貌和真实记录教学管理活动，就必须要依靠大量的原始性资料。没有数量充足、完整准确的原始资料就不能反映教学工作的真实面貌，因此教学档案资料的原始性和完整性是教学档案工作的又一主要特点。在教学过程中，为了教学和实际的需要，可能会在教学活动中形成不同形式的材料，就制成材料而言，既有纸质的，又有非纸质的，非纸质的有照片、录音带、录像带、磁盘、光盘、幻灯片等。就制成材料格式来看，有统一规格的表格式、簿册式，还有没有统一规格的手稿、图表等。此外，教学档案还有综合性、专业性、层次性等特点。

5. 档案形式的多样性

由于教学活动的多样性，记录活动的形式也是多样的。只有档案原始资料的多样性，才能真实确切地反映多样性教学活动的面貌，才更具有档案的作用和价值，教学档案原始资料应包括纸面（质）的、图片、音像、光盘等多种形式。

6. 形成方式的内部性

高校档案材料大多是校内教学管理部门和业务部门以及师生个人在工作中自然形成的历史记录，并被自己直接管理和使用。这些材料手写的多，印刷的少，不带文号的多，带文号的少，绝大部分是不通过正式公文来往渠道产生的，因此大多不经收管部门登记，也没有副本，这是教学档案有别于一般行政公文的重要特点。

7. 学科划分上的专业性

高等院校是按学科专业设置的院系组织教学活动的。院系教学工作既有遵循人才培养成长共性规律的一面，更要遵循不同学科专业属性的特殊规律。不同学科专业人才的培养采用不同的人才培养方案，实施不同的教学计划，设置不同的课程，安排不同的教学环节和教学活动，提出不同的培养要求，实现不同的培养目标。因此，不同学科专业院系的教学工作也是不尽相同的，具有很强的学科专业特性。

8. 作用上的社会服务性

高校档案对教学活动进行记录，为开展教学研究活动提供重要资料支持，对于促进教学研究活动的顺利进行具有重要作用。随着信息时代的到来，高校的教学档案更是突破以往的利用对象范围，逐渐呈现出跨行业、跨院校特点，发展成为共享性资源，慢慢地体现出更多的社会服务职能。

（二）时代新特点

随着社会的进步与发展，作为教学历史记录的教学档案建设，也应随着时代的变化不断赋予新的内容。下面谈谈个人的认识。

1. 教学档案逐步走向电子化

随着现代信息技术的发展，教学档案也发生了很大的变化。特别是现在的学校普遍开通了互联网，为建立电子教学档案提供了条件。如果再沿袭过去那种箱柜式保存和征集方式，与时代的发展就不相适应。因此，在建立电子教学档案的过程中，应充分发挥计算机、信息网络在档案管理中的作用，档案保存可以借助电脑的贮存功能，档案征集可以通过网络传播方式，发挥现代科学技术在档案征集过程中的作用。这种电子档案比传统档案在保存、征集等方面更经济、快捷、方便。

2. 多渠道、动态和主动征集教学档案

在新课程改革不断深入的背景下，教学档案多渠道、动态和主动征集更显得必要，网络为档案征集提供了非常好的平台。可以通过建校园网站征集各种信息，在建站前，对教学档案进行全盘考虑，如征集的内容、设计网页要与这些内容相符，方便档案传输。教学档案的征集主要通过学校管理者和教师本人提供，管理者应主动提供教学档案内容，教师本人也要根据自身情况积极提供归档内容。教师提供的内容一般有个人简介、计划、总结、优秀教案、课件、论文和其他教学成果等。

3. 充分发动全员参与建设教学档案

在以往的档案建设过程中，全员参与的热情还不够，大部分人是被动的，甚至漠不关心。建设教学电子档案应该发动全员参与，为了鼓励全员参与的热情，可以采用以下方法。

（1）为每位教师建立电子档案

以年级组（或教研组）为单位，在校园网上（或申请电子信箱）为每位教师建立教学电子档案。其特点如下：每位教师的电子档案都设有一定的权限，教师本人、相关部门的主任可以在相应的电子档案中填写或更改资料。其他教师可以打开浏览，但不能改动。确保每位教师及时将自己教学工作的有关资料等输入电子档案，而不会被删掉或改动，同时还有利于教师之间互相学习、交流。

（2）及时督促相关部门和教师上传各种资料

电子档案管理员可以在校园网上以发布公告的形式或用电话通知等方式督促相关部门和教师及时地向电子档案部门输送资料。学校教导处、教研室及时上传本部门的资料，定期对每位教师教学质量进行评价分析，并把这些分析评价结果上传到相应的电子档案中；每位教师则根据学校提供的电子档案及上传档案要求，填写各自电子档案的内容，并不断补充完善。如教师定期把在教研组活动中的优秀教案、获奖或发表的论文、有推广和实用价值的课件、个人反思等资料传送到电子档案。

（3）加强电子档案资料的展示工作

许多教师对档案建设不关心的重要原因，就是没有看到教学档案在实际工作中的效果。为了使电子档案发挥应有的作用，我们应该对电子档案进行各种形式的展示。

①教研组内展示。学校要求教研组在开展活动时，把每位教师在教研组内展示自己的电子档案作为一项重要的活动内容。每位教师应积极把自己收集的最优秀作品在组内展示，并对该作品做出自我评价意见，然后教研组进行讨论、分析和评价。

②校内展示。学校利用全校性的会议，经常性地展示部分表现较突出的教师的电子档案资料，及时介绍和推广他们先进的经验和教学策略，并组织教师利用业余时间学习，促进教师业务水平的提高。

4. 教学电子档案的建立将发挥以往档案所起不到的作用

与以往档案的死板、封闭不同，教学电子档案的开放程度是以前无法想象的，它可以发挥下面的作用。

（1）有利于学校对教学质量的监控

电子档案通过收集不同类型的材料，以多种方式全面展示教师的成长过程和自身特色，使学校及时、准确地掌握各位教师真实客观的教学情况，了解各位教师的教学特色。另外，电子档案对教师的评价是一种定期性、动态式的，使教学管理形成了一个过程。教学电子档案的这种特点，不仅有利于调动教师工作的积极性，而且使学校能够充分发挥对教学的诊断与导向功能，使教学质量目标变成可以预期的科学目标，从而有效地监控教学质量。

（2）有利于专业水平的发展

创设教学电子档案也是建立一种对教师的动态评价体系，通过评价，教师不断总结自己的经验进行反思。通过评价，激发了教师不断改进教学的主动性和创造性。运用电子档案通过收集表现教师发展变化的资料，能够反映教师的成长轨迹。教师本人在收集资料时有更大的主动权和决定权，能够充分体现个体差异。评价时用动态的、发展的眼光，对教师教学工作的各个环节进行系统的、全程的、循环反复的评价，这样就有利于教师专业水平的发展。

（3）有利于整体水平的提高

利用互联网（校园网）或电子信箱建立教师教学工作电子档案，可以充分发挥网络资源的作用，使各种信息资源得到广泛交流与共享。因此，学校应利用各种资源为教育教学工作服务，教师应积极参与电子档案的建设，运用网络技术贡献自己的教育教学经验和成果，使之成为教学资源的一部分，与广大同行交流和分享。另外，学校还应定期与不定期展示电子档案，教师可随时通过电脑，阅览自己和他人的电子档案。教师通过阅览电子档案不仅看到了自己的优点树立了自信，同时也发现自己的不足与他人的长处。这有利于形成互相学习、互相帮助、共同进步的群体氛围，促进教师整体水平的提高。

三、高校档案的意义

高校档案是师生员工辛勤劳动的成果，是促进和提高教学管理水平的基础，是学校的宝贵财富和智力资源。搞好教学档案管理，积累教学活动的真实历史资料，对促进高校全面改进教学工作、提高办学质量具有十分重要的现实意义和历史意义。

（一）教学档案管理是档案管理中的重头戏，是教学部门不可或缺的工作

学生自入学到毕业，教师从教入手，教什么、怎么教到教的结果如何，教与学的整个教学活动的每一个环节所留下的每一步进展的痕迹，所形成的具有保存价值的文字、图表及影像材料等就是教学档案，如教学业务档案（上级机关下发的有关教学工作的文件、课堂及实践教学资料、教学计划及总结、教育改革、教学研究、教学质量评估、师资培养、典型教案、编著教材、实习实验指导书、教学检查总结、对学生的考察情况、教师教学日历等）、学籍管理档案（学生入学登记表、学生学籍异动情况记录表、学籍卡、学历学位发放记录登记表等）以及其他在教学活动过程中直接形成的文字、图表及影像材料。

为使教学活动按计划有序地进行，高校的教学管理部门和各二级教学单位都制定了一系列的教学管理规章制度、教学计划、教学大纲、教学进程表等。为了对教与学的质量进行有效控制，教学管理人员不仅要直接向教师和学生进行了解，而且要翻阅"有据可查"的教学业务档案。因此，教学管理工作离不开教学档案，教学管理人员有责任、有义务收集、管理好教学档案。

高校以教学为中心的价值取向，使得教学档案管理的重要性不言而喻。教学档案管理就是要及时、完整、全面地收集具有真实性和原始记录性的教学文件、教研材料、教学成果等方面的信息，并对这些信息进行分类整理和归档工作。进行教学档案管理不仅是档案管理人员的责任和义务，也是教学部门不可推卸的义务，因为教学资料的及时收集离不开教学部门人员和每位教师的配合，只有档案管理人员和教学部门人员齐抓共管才能确保教学档案的记载最具及时性、完整性和权威性。

（二）教学档案是高校教学水平的客观记录和反映

档案是社会历史发展的客观记录。教学档案是高校教学水平高低的客观反映。通过对历年的讲稿、教案、实习实验指导书等进行比较研究，可以看出教学的水平。作为一名教师，如果讲稿、教案、实习实验指导书等多年来一成不变，说明教师的业务水平没有提

高，也就意味着教学水平停滞不前，跟不上时代发展的步伐（实则就是一种倒退）；对历年的学生考卷、学生考试成绩、优秀毕业设计、历届毕业生跟踪调查材料等的比较，同样能反映出学生学习的情况；对同类学校间教学档案的"横向"比较，能直观地反映各个高校教学水平及教学管理水平的高低。这些都是探求如何加强教学管理、提高教学质量的重要依据和基础。

同时，教学档案所收集、积累的各种教学反馈信息，能为今后的教学提供大量翔实的资料，使教学研究和改革能够准确地反映实际情况，从而促进教学水平的提高，例如，对教师教案、教学测评等的研究和比较，可以看出教师教学水平和能力是否提高；对历年的试卷、学生考试成绩等的比较，可以看出学生对教学改革的接受能力，教学档案能主观地反映出教学水平及教学管理水平的高低，为如何提高教学质量和教学水平提供重要依据。

四、高校档案的价值

（一）高校档案的价值分析

1. 高校档案具有重要的参考价值

高校档案是高校教师集体智慧的结晶，因而对高校教学决策、改革、创新都具有十分重要的参考价值。比如，高校档案对高校教学方面的规章制度就具有重要的参考价值。这主要是由于教学档案不仅对高校的教学过程、教学内容、教学方法等进行了十分详细的记载，而且具有很大的存储量，这对于提高教学制度的科学化、规范化、效能化具有十分重要的作用。再比如，高校档案对教学管理工作也同样具有十分重要的参考价值，高校在进行教学改革过程中可以参考过去的教学档案进行，对于一名新教师同样可以参考过去的教学档案进行教学。

教学档案管理还能够为改进教学方案提供依据，有效提高教学质量。高校的主要任务是培养人才，教学质量的好坏能够从教学档案中进行分析，通过教学档案获取较多的培养人才的经验，能够更好地完善教学模式，为教学活动提供科学的借鉴。另外教学方式的好坏直接影响到课堂质量，好的教学方式能够使教师更加轻松愉悦，同时使学生在快乐中学习。通过教学档案的分析，对比教学方法，并加以改进，能够提供更多适合学生的教学方案。

2. 高校档案具有重要的文化价值

教学文化是学校的重要资源，具有很强的传承作用。高校档案是对高校发展的一种文化记录，因而具有重要的文化价值。高校档案对高校各级各类管理人员、广大教师的教学情况（包括教学计划、教学方案、教学实践）的记载和保存，使其变成一种具有延续性的文化体系，能够对高校未来的教学活动和教学发展起到启发、提示、传承的重要作用，因而可以说高校档案是一种文化现象，特别是通过对高校档案文化价值的挖掘和利用，能够使这种教学文化通过一代又一代的传承体现出高校的文化轨迹，因而高校档案具有十分重要的文化价值。

3. 高校档案具有重要的证明价值

教师业务档案和学生档案，是高校档案的重要组成部分，这两个部分对于教师的教学过程和学生的学习过程都具有很强的证明作用。比如，教师业务档案记录了教师的教学情况、学术发表情况以及其他活动，能在一定程度上说明教师的教学能力，反映教师的教学态度，高校可以根据教师的教学档案记载，对教师的能力、素质、态度、贡献等做出科学的判断，有利于发现人才和用好人才；再比如，高校档案同样记载了学生的在校情况，不仅对学生具有很强的证明作用，无论是学生毕业之时还是学生毕业之后，这些都对学生在校情况具有重要的证明作用，对于学生今后就业乃至职业发展也都具有重要作用。

4. 高校档案具有重要的动力价值

高校档案不仅是一种记载，也是教师教学成果的真实反映。这些教学成果的记载对教师也是一种肯定，能够使教师受到激励和鼓舞，特别是当教师的教学内容、教学方法、教学模式通过有效的开发和利用，形成一套教学模式之后，教师能够在心理上产生一种成就感，并且能够更加深入地开展教学研究、教学改革和教学创新。由此可见，高校档案具有十分重要的动力价值。高校档案还能够在教学评估过程中发挥重要的作用，它能够使每一名教师的教学档案成为教师继续进行深入教学研究的动力。

5. 高校档案具有重要的使用价值

完整系统的教学档案是一个学校教学活动内容与效果的全面概括和客观反映，并能为教学管理工作提供有力的凭证和参考。高校档案真实地反映了学校各个时期的面貌，无论是对于学校编史修志，还是对于行政管理、教学、科研、维护学校或师生员工的利益等，都有着重要而特殊的参考、凭证、借鉴作用，尤其是不同历史时期的珍贵史料和科学技术领域的尖端成果档案，对于发展教育事业、服务经济建设具有很高的开发利用价值。我们必须充分利用教学档案，实行科学化管理，将各位教师、教学管理人员在教学活动中形成、积累的各种资料、数据、信息准确地收集、整理成系统化的教学档案并及时地反映到领导手中，用以指导和协调与教学有关的各项工作，确保学校教学工作的正常有序进行。

6. 高校档案具有重要的教育价值

首先，高校档案对高校发展具有启发借鉴作用。高校档案包含着学校教学工作的方方面面，久而久之就成为高校年复一年发展的资料汇集、学校发展壮大的创业史。任何一所高等学校，都经历了由小到大、由弱到强的发展历程，在这样的发展历程中，一代代人筚路蓝缕，艰辛创业，成就了今天高校的辉煌业绩。他们的创业情景，对今天在校师生，都具有教育意义与认识价值，是对师生员工进行人生和事业教育的最直接而生动的教材。

历史的作用还在于以史为鉴，即鉴于往事，有资于治道。高校的历史也概莫能外。任何高等学校的发展都不是一帆风顺的，在发展过程中总要遇到这样那样的问题。高等学校的档案既给后人提供了成功的范例，也为后人提供了可资借鉴的教训。这样的借鉴，不只是局限于一所学校本身，其他学校在不同发展阶段的经验教训也都可以为我所借鉴。历史上一些高校曾经遭遇的挫折，也可以使我们在发展中少走弯路。尤其在目前我国高等教育蓬勃发展的背景下，发展中出现一些问题也是不可避免的，在发展中学习历史的成功经验，更具有重要的现实意义与深远的历史意义。关键的问题就在于怎样用好档案，分析其有积极价值的因素，发挥其应有的功能与作用。

一所学校或者不同学校在不同的历史时期取得的成功经验与做法，对于今天的教育教学也一样具有借鉴意义。汲取成功的教育教学经验和管理经验，不仅可以提高教育教学效果，也可以提高对学生教育的管理效果；从学生的角度上看，从前贤成功的经历中借鉴人生经验，对自身成长也裨益良多。

其次，高校档案对培养学生的价值认同感，进行校园文化教育具有重要意义。高校档案蕴含着一所高等院校的校园文化与核心价值理念，是校园文化教育的最好载体。高校的档案中无论是党群部分，还是教学部分，都包含着校园文化建设及形成过程的要素，其中沉淀着一代代学校教师、学生所追求的核心价值理念。例如，分析党群部分的学生社团材料，可以从不同时代的学生社团构成、社团活动、社团宗旨等方面窥见社团的价值理念，而这个价值理念同那个时代以及那个时代人们的精神风貌、理想与追求等是密切相关的。"榜样的力量是无穷的"，校园文化和核心价值理念产生并孕育于学生学习与生活的校园环境中，并且在学校的不断发展中流行播衍、弘扬光大，而后来的学生对于这种文化产生的环境往往具有恍若昨日的认同感，于是，他们就很容易受到这样一种共同环境影响下的文化氛围的熏陶与浸染，校园文化和核心价值理念对他们也就易于起到一种潜移默化的作用。因此，挖掘高校档案中的校园文化与核心价值理念，对于凝聚学生的文化认同心理和价值认同心理，进行校园文化教育显然具有重要意义。

再次，高校档案对学生的学校归属感教育具有不可替代的作用。按照需求层次学说，归属与爱的需要是一个人重要的心理需求，对一个人的自我价值认同、自我定位、生活与学习的积极态度等都有重要意义。学校归属感是指学生对自己所就读的学校在思想上、感情上和心理上的认同和投入，愿意承担作为学校一员的各项责任和义务，乐于参与学校活动。学校归属感是学生感觉到自己是班级或学校中重要的一员、被他人接受、被他人认为有价值并与他人成为一个整体的一种情感。高校档案对于培养学生的归属感具有积极意义，充分利用档案资源，可以使学生对学校有准确的、充分的了解，可以使学生对学校和自己的关系以及自己在学校中的地位形成准确的认知。当学生定位自己是学校的一员，就会自觉地维护学校的声誉，产生主动学习和乐观生活的人生态度，从而对他们的成长产生积极的作用。

最后，高校档案对培养学生的职业认同感与职业归属感具有现实意义。大多数高等院校都将专业理论教育和专业技能教育作为人才培养的重点，大学教育对于学生未来从事的职业一般具有直接的影响。良好的大学教育传统，是学生成功的事业起点和人生起点。无论是高校档案中的学生档案，还是教育教学档案、科技档案乃至学科建设档案，都是很多学生赖以获得成功的基础，从中除了可以了解一所学校办学成功的轨迹，还可以了解学生成长与成功的轨迹，这些对于今天的学生进行职业认同感与职业归属感教育无疑都有重要作用。

高校档案功能的发挥，有赖于人们对高校档案这些功能的认识与挖掘，但更为重要的是，高校档案教育功能更直接、更感性，更容易发挥其效用。这一特点是其他形式与内容的教材所无法比拟的。因而如何更好地挖掘、发现档案的教育价值并进而有效地贯穿在学校教育中，是需要认真探讨的重要课题。

7. 高校档案具有重要的教学价值

教学档案的管理为强化教学管理提供了有效的依据。在高校教学管理过程中，教学管理水平很大程度上依赖于学校的教学档案管理。高校教学管理者通过对学校档案的分析和总结，可以从宏观上确定学校的教学发展方向，并拟订科学的教学计划，合理安排教学，从根本上制订学校的长短期规划；还可以根据教学档案中的师生奖惩材料和思想汇报材料，调整思想教育工作，使教师全身心地投入教学工作中去。

8. 高校档案具有重要的记录价值

教学档案能够为校史编撰提供丰富的素材。高校校史体现了一个学校从建立到发展的全过程，反映了学校的教学成绩和科研能力，也是体现学校形象的重要依据。而教学档案则积累了丰富的教学足迹，为校史的编撰提供了依据。教学档案将学校的发展历程和要素按照类别明确地分类和管理，每一个类别都有其标注的档案盒，根据档案盒上的标注文字，便可以找到相应的资料，这是教学档案管理的一个便捷之处。

（二）高校档案的价值鉴定

档案的价值鉴定是档案馆（室）按照一定的原则、标准和方法，甄别和判定档案的现实使用价值与历史价值，确定档案的价值等级和保管期限，对失去保存价值的档案做相应处理的一项档案业务工作。

1. 教学档案价值鉴定的基本原则

（1）现实与历史辩证统一的原则

档案是人类历史活动的产物，也是历史事件的真实记录，它是在一定的历史条件下形成的，与一定的历史条件相联系。教学档案鉴定必须把历史唯物主义和辩证唯物主义作为鉴定工作的指导思想。鉴定档案价值，必须尊重历史，坚持历史唯物主义的观点和方法，根据档案产生的历史条件、时代背景以及在历史上的作用，结合现实需要来考虑档案的价值。因此，分析档案的价值必须把档案放在它所形成的历史环境中，去具体分析档案的内容和形式。也就是说既要重视档案的现实价值，又要重视档案的历史价值，不能简单地用现在的眼光去看待以往的档案，离开当时的背景，对档案的有些内容就可能难以理解，对于历史上形成的某些内容不正确的文件，也应该正确对待，应该根据当时的历史条件加以分析，以维护历史的本来面貌。

（2）遵循教育教学规律的原则

教学档案是按教学周期形成的，具有定向性、延续性、阶段性和循环性等诸多特点，具有其自身的规律。因此，在教学档案价值鉴定的过程中必须按照教育教学规律办事，把遵循教育教学规律作为教学档案鉴定的前提。

（3）需求性原则

从档案的价值形态角度看，教学档案应具有利用价值（使用价值）和保存价值，但无论是利用价值还是保存价值又都是和教师个人、学校的事业发展乃至社会的进步密切相关的。因此，在教学档案价值鉴定的过程中必须用全局观点，从学校的整体利益出发，用全面的、历史的、发展的观点认识和估计教学档案对各项工作的作用，判定档案的利用价值和保存价值。

（4）客观性原则

教学档案的价值鉴定要以档案文件所共有的原始记录性、凭证和信息作用、产生的历史背景和条件等要素作为鉴定工作的基础，必须尊重客观实际，充分衡量档案应用需求之广度、深度、特殊性及时效性，切忌擅断和主观。

（5）科学性原则

科学性是教学档案价值鉴定的本质要求。教学档案的价值鉴定是一项十分复杂的系统工程，科学地选择鉴定标准是开展鉴定工作的前提。在教学档案价值鉴定的过程中应充分依据教学档案的性质及其应用需求，选择适当的鉴定标准。

（6）完整性原则

教学档案是在教学活动过程中按一定的程序形成的原始记录和轨迹，准确记载了教学活动的过程，描绘了教学活动的轨迹。就这一点而言，教学档案的特点首先体现在它的完整性上。如果搜集的材料不完整，教学档案就不能客观、全面地反映教学过程。因此，在教学档案价值鉴定的过程中应遵循全宗原则，将完整作为教学档案鉴定的总要求之一，尽可能体现档案的完整性、系统性、配套性和来源特性。

（7）去粗存精原则

教学工作是一个动态发展的过程。教学档案是在教学活动的过程中形成的，但并非在教学活动中形成的材料都有归档价值。材料是形成教学档案的基础，教学档案是材料的精华。材料是否需要归档，唯一尺度就是看其对今后的教学工作和教学研究有无凭证作用和参考价值。只有按照一定规律、经过科学整理保存起来的、具有参考价值且便于查考的材料才是真正意义上的教学档案。随着教学工作的正常进行，教学档案会源源不断地产生。我们必须在不违背完整性原则的前提下，去粗存精，开展反映学校教学工作全貌和教学改革、专业建设、课程建设、师资队伍建设、学生能力培养与技能训练、教学管理等具体方面业务档案的精选工作，将精练作为教学档案鉴定的另一项总要求。在教学档案去粗存精的过程中应特别注重档案内容价值，千万不能因档案媒体形式的不同等因素而影响筛选。

（8）参考案例原则

档案鉴定有许多共同规律和共性特点，同类档案鉴定又应采用相同的标准，同行之间还有许多教学档案管理经验可以汲取。因此，在教学档案的鉴定过程中应注意参考过去相关档案鉴定的结果和汲取他人之所长。

教学档案鉴定除应遵循上述共同原则外，还应根据具体档案自身的个性特点选择遵循各自独特的原则、标准和实施方法，在确定档案鉴定各自独特原则、方法时，除了应从档案产生的历史背景、条件、内容、数量等因素考虑外，还应侧重从以下五个方面进行考虑。一是时间（时期）因素，即将某一时期某一类的档案全部保留或全部销毁，这是一种特殊的处理原则，而不是档案鉴定一般原则和标准。二是职能和事件重要性因素，即根据产生档案的机构、组织、个体的职能和某项具体教学工作的重要性来确定档案的价值。三是利用频次因素。一般来说档案利用频次和利用率与档案价值和价值实现成正比。四是信息开发利用程度因素。信息具有时效性和老化现象，随着时间延伸，档案信息价值会递减。五是保管期限因素。档案进馆（室）前鉴定划分的保管期限是对档案文件价值的判定，永久档案比定期档案价值要大，后续鉴定中一般对定期档案要严，而对永久档案相对要慎重一些。

2. 教学档案价值鉴定的基本方法

教学档案的主要内容包括学校在学科、专业与实验室建设、招生、学籍管理、课堂教学与实践、毕业生工作、教材建设与管理等教学活动或教学管理过程中形成的有保存价值的文字、图表、声像载体等材料。鉴于此，高校档案的归档内容主要应包括以下诸类材料。一是办学指导思想类材料，主要包括学校定位与办学思路、教育思想观念、教学中心地位、人才培养目标、学院与社会的联系等方面。二是师资队伍建设类材料，主要包括师资队伍规划，教师整体结构状态，青年师资队伍结构，主讲教师资格，师资培养，教师编著的教材、讲义、教案（文字和电子）和开发利用的各种教学课件、教学总结、教研成果，教师进修深造和教学观摩活动情况记载，工作量统计，教学效果和质量评价等方面。三是教学条件与利用类材料，主要包括教学基本设施、教学经费和教室、实验室、实习基地、图书馆状况以及运动场面积、体育设施等方面。四是教学建设与改革类材料，主要包括专业建设、学科建设、教学计划、课程建设、教学内容与课程体系改革、教材建设与成效、教学方法与手段改革、双语教学、实践教学内容与体系等方面。五是教学过程业务类材料，主要包括教学计划和教学大纲的制订或修订及执行情况、师资配备情况、授课计划表、教材使用、课程表等方面。六是考试管理类材料，主要包括各门课程的期中、期末试卷，补考试卷，试卷分析及考试总结等方面。七是实践教学类材料，主要包括实验和实训教学、实习和见习、社会实践、毕业论文或设计等方面。八是学籍管理类材料，主要包括新生录取名册、学籍成绩及学分登记表、奖惩情况、学籍异动情况、毕业生名册、学位授予情况等方面。九是教学管理类材料，主要包括管理队伍结构与素质、教研与实践成果、教学规章制度的建设与执行、教学环节的质量标准、教风和学风状况、教学评估与检查等方面。十是教学效果综合评价类材料，主要包括学生基本理论掌握与基本技能运用、创新与实践能力和毕业论文或设计情况、思想道德修养、体育合格状况、社会声誉等方面。十一是教学工作特色类材料，主要包括有关特色项目内容、效果等方面。

教学档案价值具有四个显著特点：一是教学档案价值的潜在性；二是教学档案价值的双重性；三是教学档案价值的唯一性；四是教学档案价值的非商品性。鉴于此，鉴定教学档案价值的基本方法应采用直接鉴定法。第一，鉴定人员必须直接审查教学档案材料，根据教学档案的具体情况直接判定其价值。只有充分了解教学档案的实际情况，并且掌握鉴定教学档案价值的标准，才能依据教学档案保管期限的有关规定来判定档案的价值。第二，鉴定人员要逐件、逐页地审查教学档案材料，从档案的内容、责任者、名称、完整程度、可靠程度等方面，去全面分析档案的价值，而不能仅仅根据案卷目录或题名判定档案的价值。因为目录或题名概括档案内容及其他特征可能不一定准确，更不可能全面反映档案的详细内容和全部情况。

3. 教学档案价值鉴定的标准

鉴定标准是鉴定工作得以顺利进行的关键，是分析鉴定质量的度量衡。因此，为保证鉴定准确、去留无误，在制定鉴定标准时，就必须全面考虑被鉴定教学档案的实际情况，从档案的原有价值、稽凭价值等方面制定相应的鉴定标准。

（1）鉴定教学档案的原有价值

鉴定教学档案的原有价值可以把教学档案的来源、内容、形式及替代特性作为基本评价标准。

①分析教学档案的来源

教学档案的来源主要是指教学档案的形成者。形成者是指文件的责任者或立档单位。分析档案的来源时应注意把握三点。一是通常情况下，形成者的级别越高，其文件价值就越大；反之，则越小。二是一般来说本单位形成的文件比外单位形成的价值大。因此，分析文件的价值，应站在本单位的角度，重点保存本单位形成的文件。三是在学校内部，教学管理职能部门和系（院）的教学档案具有保存价值。教学管理职能部门和在教学实践活动第一线的系（院）是教学档案形成的主体，其在活动中形成的各种教学管理和教学实践活动材料，是学校一定时期教学活动的真实记录，反映了学校一定时期教学活动的真实面貌，这些教学档案在当前具有极高的依据和凭证作用，在今后对学校的教学管理和教学实践活动同样具有很高的凭证、查考和借鉴作用，因此其保存价值也就较大，有的甚至具有永久保存价值。而那些来源于学校下属其他有关部门的教学档案只是在本部门或较小范围内查考利用，因此其保存价值就较低，有些仅在本部门作短期留存。

②分析教学档案的内容

教学档案的内容是决定档案价值最重要，也是最本质的因素。文件内容所记录的信息和反映的情况，是分析判定档案价值的关键因素，也是鉴定档案价值的基础。因此，鉴定教学档案价值必须着重分析文件档案的内容，其中教学档案内容的重要性、真实性、时效性等因素又是衡量教学档案价值大小的重要依据。文件的用途是和内容联系在一起的，分析文件的内容，主要是看它说明了什么问题，反映了什么事实。一般来说，凡是反映教学工作方针政策、重大事件、主要业务活动的比反映其他一般业务活动的重要；反映本单位教学工作主要活动、基本情况的比反映非主要活动和一般情况的重要；反映中心教学工作的比反映日常教学工作的重要；反映全局性教学工作的比反映局部性教学工作的重要；反映典型性教学工作的比反映一般性教学工作的重要。

③分析教学档案的形式

教学档案的形式是指教学文件的名称、责任者、载体形式以及归档文件的完整程度等。在某些情况下形式往往也是衡量档案价值标准的重要依据。就文件名称而言，不同文件的名称往往表示着文件的不同作用，在一定程度上反映出文件的不同价值。文件名称不同，用途不同，而保存价值也不同。比如规划、规定、决定、决议、纪要、报告、总结等，就比一般性的通知、简报重要，价值也大。应该注意的是，在分析文件名称时，必须将其和分析文件的内容等因素结合起来。就文件形成的责任者而言，由于教学档案的收集、保管是以本校产生的教学档案为主的，因此，在价值鉴定时，就要以本校形成的教学档案为重点，而其他单位形成的教学档案与本校教学活动有关的文件材料则仅在一定时期内予以保存，以备查考。就载体形式而言，教学档案除了纸质档案以外，还有照片、录音带、录像带和光盘等电子档案，这些载体档案，往往是本校教学管理和教学实践活动中的精华所在，是教学活动中精华部分的真实刻录，它在今后的教学活动中具有很强的凭证、依据作用和指导、借鉴作用，因此，这部分载体档案往往具有很高的保存价值。就归档文件的完整程度而言，必须最大限度地保证全宗内档案的完整和反映历史面貌。在正常情况下，数最大、档案材料比较完整的文件，保管期限就应长一些；如果主要文件散失，那么次要文件保存价值尺度就应短一些。

④分析教学档案的时效性

文件形成时间表明文件产生的历史。衡量教学档案价值的另一个重要标准，就是看文件档案的时效性。一般来说，文件产生的时间越早，保存下来的就越少，也就越显得珍贵，其价值就越大。例如，上级教育主管机关下达的某些指令性、指导性文件，以及本校在教学管理和教学实践活动中形成的有关材料，由于它们的时效长，在今后教学活动中需要长期查考利用，因此其保存价值相对就较高，我们在价值鉴定中，就应把这部分教学档案列为长期保存；而对于那些仅在短期内查考的档案，由于时效短，其保存价值相对就较低，仅作短期保存。

⑤分析教学档案的替代性

档案是否可替代是衡量档案价值的重要因素。如果某教学档案具有不可替代性，其价值就会越高；反之，如果某教学档案可以由其他档案所替代，其价值就会越低。在教学档案价值鉴定的过程中，应注意做好可替代档案的更新删除工作。

（2）鉴定教学档案的稽凭价值

稽凭价值是指档案作为稽核凭证的价值。教学档案保存的目的在于教学管理和教学实践活动等方面的利用。因此，鉴定教学档案的价值不仅要从教学档案的原有价值去分析，还应从教学档案的稽凭价值去分析掌握。鉴定教学档案的稽凭价值可以把档案功能的重要性、档案资料的可信度、与其他档案的关联性、考评绩效的参考性、影响评估的可能性作为基本评价标准。

①档案功能的重要性

教学档案价值大小往往取决于其所反映的内容和需求是否重要。一般说来，能反映学校教学管理和教学实践活动的真实历史全貌，在今后教学工作中需要长远利用的档案，其价值就比较大。例如，上级教学主管部门下达的针对本校的有关专业设置、招生等方面的计划、指示和本校制定的各种教学制度、办法、规定、条例以及教学工作中的各种重要统计报表等，这些教学文件材料，对当前教学工作具有重要的凭证和依据作用，在今后学校教学管理和教学实践活动中同样具有长远的查考利用价值。因此，这部分教学档案就显得十分重要，需要永久或长期保存。而像各实习小组或社会实践小组的计划、总结等教学文件材料，虽在一定时期对教学管理和教学实践活动具有一定的指导和参考价值，但对学校长远的查考利用价值不大，这些文件归档后往往仅作短期留存。

②档案资料的可信度

档案可靠程度直接影响甚至决定着文件价值的不同。只有反映教学管理和教学实践活动的真实过程、具有真实可靠这一基本属性的档案资料，才可作为教学管理和教学实践活动的凭证和依据，具有一定的查考利用价值。也就是说，档案资料的可信度也是衡量教学档案价值大小的重要标准之一。看档案资料的可信度主要看其所形成的教学文件材料是否具有原始记录的独特性质。例如，新生录取名册、学生学籍卡、学籍异动等材料，都是学校学籍管理工作中形成的原始记录，具有很强的真实性和可靠性。这些档案材料为日后编史修志、了解学校培养成果及办理毕业证明等可提供凭证和依据，因此具有很高的保存价值，需要永久或长期保存。而教师教学过程中摘编的一般性教学参考资料，由于摘编的种种人为或非人为因素，往往会降低其真实性和可靠程度，价值相对较小，不宜作为凭证和依据。

③与其他档案的关联性

由于教学档案具有过程性、周期性、成套性等特点，因此，某一个具体教学档案与其他档案的关联性便成为鉴定该教学档案价值的依据之一。一般而言，某教学档案与其他档案的关联度越高，且不可替代，其价值也就越大。例如，新生录取名册是学生被高校录取的凭证，是其他学籍档案存在的基础，它与学生学籍卡、学籍异动记录、毕业证书发放登记表等其他学籍档案联系非常紧密，因此，其使用和保存价值也就更大。

④考评的参考性和影响评估的可能性

教学档案是高校档案的主体，是衡量教学质量和管理水平的重要标志，也是学校开展教育、教学评估工作的基础和依据，它对于开展教学研究、进行学术交流和总结过去、指导现在、规划未来具有独特的作用。教学档案是否齐全、适当，直接影响到学校办学绩效考核、教师教学质量考核和学生综合素质反映的客观性，影响到教育、教学评估的结果。因此，评价教学档案的价值必须充分考虑其对考评的参考性和影响评估的可能性。以上各个标准不是孤立存在的，它们之间互为补充，在实际工作中，应根据各立档单位的不同状况具体分析、灵活运用，从而切实保证鉴定工作的准确性。需要指出的是，价值鉴定工作是一项综合性、专业性很强的工作。随着高等教育改革的不断深入和现代化事业的不断发展，教学档案来源更加广泛，载体形式更加多样，文件之间的联系也更加复杂。这就要求我们在遵循教学档案价值程序、方法和标准的同时，必须充分重视鉴定人员业务素质、水平的提高以及档案工作经验的总结和积累，只有这样，才能真正保证教学档案价值鉴定的质量。

第二节　高校档案的基本内容

一、高校档案的分类

（一）分类的原则

为了适应高等学校档案工作日益发展的需要，统一全国高等学校的档案分类，实现高等学校档案分类的标准化和规范化，达到加强高等学校档案和档案工作的科学管理，促进整体业务建设的深化，充分发挥高校档案的作用，更好地为学校工作和社会主义建设服务。因此高校档案的分类要具有较强的思想性、科学性、适用性。

1. 思想性

高校档案分类的体系结构和类目设置，都要以辩证唯物主义为指导，以国家的有关档案工作的法规标准为依据。

2. 科学性

各项内容既要实事求是，符合高等学校档案工作的实际，又要遵循档案学基础理论和形式逻辑原则，在理论和实践的结合方面，有较强的科学性。

3. 适用性

在原则统一的同时，要照顾不同类型、规模、层次院校的特点。根据各校档案的实际情况和发展水平，采用多元和灵活的处理方法，给各校在类目设置上以较多的自由度，留有较大的余地。

（二）具体分类

1. 党群类

主要包括学校党群部门在工作中形成的文件材料。

2. 行政类

主要包括行政职能部门（教务、科研、开发、基建、设备、外事、财务等部门除外）工作中形成的文件材料。

3. 教学类

主要包括教学管理和教学实践活动中形成的文件材料。

4. 科学研究类

主要包括科学研究管理和科研实践活动过程中形成的文件材料。

5. 产品生产与科技开发类

主要包括产品生产、科技开发管理及活动过程中形成的文件材料。

6. 基本建设类

主要包括基本建设管理和项目建设中形成的文件材料。

7. 仪器设备类

主要包括仪器设备工作管理和仪器设备申请购置、开箱验收、安装调试、管理使用、维修改造、申请报废各个环节中形成的文件材料。

8. 出版类

主要包括出版工作管理和出版活动过程中形成的文件材料。

9. 外事类

主要包括外事工作管理和外事活动中形成的各种文件材料。

10. 财会类

主要包括财务工作管理和会计核算活动中形成的文件材料。以上的分类属于一级类目，还可以设置二级类目和三级类目。二级类目是对一级类目的细分，三级类目是对二级类目的细分。二级类目和三级类目，各高校可根据本校的具体情况，自行决定和设置。

二、高校档案的内容

高校档案作为教学管理和教学实践活动过程中形成的文件材料，首先必须对学校和社会当前与长远具有参考价值和凭证作用；其次必须反映教学管理、教学实践活动的全过程，力求完整、准确和系统；最后必须遵循其自然形成规律，保持有机联系，符合教学管理和教学实践活动的成套特点。具体地说，高校档案主要包括以下几个方面的文件材料。

（一）教学管理活动中产生的综合性材料

教学管理活动中产生的综合性材料主要包括上级下达的教学工作方面的规划、指示、规定、办法，学校制订的教学工作规划、工作计划、实施计划、工作总结，有关教学方面的制度、规定、办法、条例、会议记录、检查、评估和各级优秀教学质量评奖材料、年终统计报表、学生运动会材料等。

（二）学科与实验室建设方面的文件材料

学科与实验室建设方面的文件材料主要包括上级有关学科、专业设置及实验室建设的文件材料，学科、专业、实验室论证、评估、申报、审批材料，重点学科、专业、实验室建设材料，学科、专业、实验室建设统计报表等。

（三）招生管理方面的文件材料

招生管理方面的文件材料主要包括上级有关招生工作的文件材料，学校的招生计划、生源计划，新生录取材料及新生名单，委培、代培、自费生招生计划、合同及新生名单，研究生入学试题等。

（四）学籍管理方面的文件材料

学籍管理方面的文件材料主要包括新生入学登记表、学生学籍卡片、学生成绩总册、在校学生名册、学生学籍变更材料及学生奖惩材料等。

（五）教学计划及课程教学实践方面的文件材料

教学计划及课程教学实践方面的文件材料主要包括学校各专业教学计划、教学大纲，课程建设要求及安排，校历表，课程表，各系、科、专业课程试题库，典型教案，重要备课记录，教师情况调查表，电化教育中的录音、录像、磁带等。

（六）学位工作方面的文件材料

学位工作方面的文件材料主要包括上级有关学位工作文件材料，本校学位评定条例、办法、总结，学位委员会会议记录，学位委员会授予各层次学位清册，本科生优秀学士学位论文，博士、硕士研究生学位论文及评审材料等。

（七）毕业生工作方面的文件材料

毕业生工作方面的文件材料主要包括上级有关毕业分配的文件材料，毕业生工作计划、简报、总结，毕业生分配方案、调配派遣名册，毕业生存根，毕业生合影以及毕业生质量跟踪调查和信息反馈材料等。

（八）教材方面的文件材料

教材方面的文件材料主要包括自编教材、主编教材、教学指导书、课程设计指导书、实验指导书、实习指导书和习题集等。

（九）教师培训方面的文件材料

教师培训方面的文件材料主要包括教师教学情况，教师工作量的规定及执行情况，教师业务考核材料，教师进修培训的计划、总结、学习成绩等文件材料。

三、高校档案管理的制度改进

在大多数学校，教学秘书充当了院系（部）的档案管理第一执行人。教学科是部门与教务处之间的纽带，通过教学科链接上下级的沟通，这对教学档案的归档起了保障作用。建立三级管理体制，根据各个高校的实际情况落实教学档案管理责任制，按照高校教务处和各部门的三级管理机制对各自的档案管理工作进行划分。高校的档案室主要负责宏观教学档案，包括规章制度、各课程的建设、不同专业的设置、历年招生和学籍情况、毕业生登记表、各专业教材、教育教学等相关的上级文件和汇总性的资料等。各院系（部）负责保存和归档与本部门相关的教学档案，如本部门的教学计划、课程安排、学生考试试卷、教师教案、毕业设计、学籍等数量大的材料。这样做既便于各部门随时查询，又减轻了教学档案室的负担。教务处对教学档案的保存范围较笼统，对宏观和微观的材料都要做到查有证，如教师教学日常情况由院系（部）记录，但教务处会起到监督和管理的作用，对异常的教学情况进行记录；对学籍发生异动的学生档案进行保存。高校各部门根据自己的教学管理范围和工作内容制定相应的教学档案工作责任制度。按照教务处的要求，让相关教学管理人员明确自己的工作职责，在规定时间内把相关的教学档案归类，集中编目，及时送到档案室进行汇总和保存。管理工作责任制有利于将教学档案管理工作的责任落实到个人，为教学档案归类工作提供了更好的制度保障。

第三节 高校档案的作用

一、高校档案在高校各项工作中的作用

（一）凭证、依据作用

高校档案是高校各项工作的真实记录和重要载体，档案信息是高校评估工作的重要内容，是对高校办学历史的真实反映，是高校评估的基础和依据。高校评估工作离不开档案信息，在本科教学水平评估中，专家对教学工作基本情况，教学条件、过程及效果的信息采集和等级的判断，一个极为重要的途径和方式是通过档案，离开档案谈评估，可以说是无源之水、无本之木，没有高校档案，就无法进行有效的高校教学评估。教学档案是高校教学原则、培养目标、专业设置和教学内容、方法、途径、效果的真实记录，是衡量高校教育管理水平和教育质量的重要标志之一，是高等学校档案的主体、核心和重点，它为教

学工作评价提供重要依据。

教学档案的凭证、依据作用，主要体现在：一是为教师的职称评定、职务晋级提供学历、教学经历、教学工作等具有权威性、完整性和不可替代性的材料，起到"立字为证"的作用；二是为学校的各项评估提供原始和真实的数据。近年来，在教育行政管理机构对高校各项工作开展的评估中，高校向评估专家组提供的相关背景材料主要来源于教学档案。专家组通过对教学管理档案的查阅，凭借教学档案提供的信息，迅速地对学校的教学计划及完成情况、课程设置、科研成果、学生成绩等内容进行定量分析和准确判断，依据教学评价体系对学校的各项工作给予客观评价。因此，教学档案的完整性、系统性和准确性对于教学评估结果的作用往往是直接而重要的，是教学评估工作的重要基础。

（二）参考、借鉴作用

教学档案是前人教学、实践的最原始记录，不但有存贮信息、知识的功能，而且具有参考交流、学习、借鉴的作用。前人优秀的教学方法技巧、先进的教育理论和理念都可供后人参考借鉴；即使不成功的做法也可以从反面给人以警示，以免后人"重蹈覆辙"。同时，教学档案为教育评估和教学评价提供真实的原始资料，为教育评估的顺利进行提供了参考、借鉴作用。因为无论教育评估工作程序、指标体系、组织机构如何确定，最终都将凭借大量的教学档案材料进行综合分析，从而对一所高校进行客观全面的评价。

同时，要提高教学管理水平和教育质量，需要不断借鉴已有的教学成果和教学经验，在原有的教学工作基础上优化教学模式，改进教学方法。教学档案以知识原载体的形式凝结着教师从事教学活动成功的经验和失败的教训，对进一步改进教学工作、提高教学质量具有广泛的参考和借鉴作用。例如，教学计划、教学大纲等材料作为依据性文件，在课堂教学中起着重要的指导作用。又如，在课堂教学、教学实习、野外实习、社会实践等活动中形成的各种载体的教学档案，不仅可以反映出教学中的成功与不足，为改进教学工作提供依据，而且有关教案、实习指导书、论文以及各种技能操作的文字、图片、音像等材料，也可以在今后的教学活动中作为对学生进行讲解、演示或操作的辅助材料，直接服务于教学工作。

（三）中介、载体作用

教学档案是在教学管理和实践活动中形成的，本身具有分散性、复杂性、周期性、成套性等特点。教学档案所积累的信息资源具有通用性功能，由此成为教学活动的中介和载体，为教学经验的交流和教学成果的检阅提供了平台。高校的教学活动是一种智力型的高层次活动，教师和学生作为教学活动的参与者，都具有较高的素质，学校可以借鉴其他高校较好的教学管理经验改善自身的教学模式，形成教学互动；本校的教师和科研人员可以借鉴教学档案，进行自我评价。同时，教师可以吸收其他教师的长处来提高自己的教学研水平，学生也可以通过查阅教学档案了解最新教学动态。

教学档案里有教师和教学管理人员在教学过程中不断探索形成的最新教学研究成果。利用教学档案进行教学改革和创新的研究不仅可以省时、省力，而且可使研究成果更加真实、可靠。对教师历年的讲稿、典型教案、教学指导书的研究和比较，可以看出教学水平是否提高。对历年的考卷、学生考试成绩、毕业论文、毕业设计等教学档案的比较分析，可以了解和掌握学生的学习情况及对学生创新能力的培养情况。通过利用教学档案对各院（系）之间以及不同年级的学生之间进行横向和纵向的比较分析，可以找出影响学校教学工作发展的诸多因素，进而探索出教学规律，指导整个教学工作。学校教学发展规划的制定，也离不开对学校历史的总结，通过对历史的数据进行分析对比，结合现实的客观实际，进行翔实的分析预测，做出科学的判断，制定出切实可行的长远教学发展规划。而对学校历史的分析与未来的判断及预测都是基于长期以来积累的具有价值的档案资料来进行的，其中教学档案是非常重要的利用资料。

（四）交流、传递作用

教学实践中不断产生着新的教学文件材料，将其纳入教学档案中可形成动态的、数量浩大的、内容丰富的信息宝库，这不仅是教学实践和管理工作的信息资源，也是师生交流的重要工具。借助教学档案，形成一个紧密的教育教学信息网络，可以使教师和学生及时了解高校教学改革的最新成果和动态，快速准确地进行教学档案的信息查询、交流和传递。教学档案不仅是教师与学生交流的工具，也是不同高校之间交流的工具。例如，高校间的教学改革或评估都处于不同的时间，不同高校可以根据在评估期间形成的教学档案互相交流，互相借鉴彼此的优势。

（五）维权、激励作用

教学档案是说明学校教育教学工作中事实的最真实的依据，可作为证实学校和个人正当利益的法律文件，如高校学科、专业、学位点建设的报告与批件等。完整的学籍档案不仅是处理学籍问题的凭证，还可以辨识学历、文凭证书的真伪，有效遏制买卖、制造假文凭的行为，维护学校的声誉。另外，教学档案作为原始记录，客观、公正地记载了教师的教学态度、教学水平和创新能力，可以为考核教师教学工作提供可靠的依据，为教师的任用、考核、晋级、评奖等提供公正有力的凭据，有利于调动教师的工作积极性。

（六）服务、开发作用

发掘教学档案中蕴藏的珍贵信息可以有效提升高校档案信息服务水平。网络环境下的各项新应用又为高校档案信息个性化服务提供了技术支持，进而拓宽了高校档案信息服务的范围，优化了这种服务的内容和方式。

档案信息服务是指档案机构以特定的方式满足用户档案信息需求的过程。高校档案不但记载着一所学校的历史，也往往是追寻其所在城市历史的一个载体。高校档案信息服务是高校档案馆（室）基于馆藏资源为校内师生和校外公众提供档案信息服务的行为。

1. 新时期高校档案信息服务对教学档案资源的管理和开发提出了更高要求

（1）高校档案及其类别

高校档案是高校教学活动的客观记录，是反映教学成果的真实材料，是高校教学水平的真实体现。目前高校档案主要包括学籍档案、毕业论文和教材样书等内容。

学籍档案是指高校在读本专科生、研究生（学术型、专业型）和在职进修、成教学员、委培人员的所有与学籍有关的、具有长期存档价值的历史记录，它记载着各类学生在校期间的所有信息。在高校档案中，学籍档案所占比重和利用率都是最高的。本科生以及博士、硕士研究生的毕业论文和教师编写的教材样书是直接体现学校的学术走向和历史轨迹的原始资料，往往被图书馆收藏并用于提供文献传递服务。档案馆在这一领域的工作缺失反映了高校档案界的服务理念与图书馆界的差距，值得反思。

（2）高校档案信息服务格外重视教学档案的完整和规范

随着高校办学规模的扩大、教学模式的开放、专业设置的变化和招生数量的增加，教学档案的数量和种类急剧增加，涉及的部门越来越多，增加了收集和整理工作的难度。这在学籍档案的收集中最为明显。例如，学生的相关个人信息和成绩单来源于教务处，招生名录、奖惩记录和毕业信息来自学生处等等。学籍档案出自多少部门，往往要视学校的机构设置而定。而这些部门所使用的管理软件的兼容性问题、多个部门的协调问题、具体工作人员的业务水平和责任心等等都影响着这项工作的顺利开展。

在实际工作中，对于教学档案的收集和整理还需要根据现实情况与时俱进，以有利于高校档案信息服务为出发点探索工作新思路。

（3）重视高校档案信息服务有助于盘活教学档案的更多价值

在高校档案工作人员和档案利用者的观念中，教学档案的价值还基本停留在成绩查询和学籍材料真伪的鉴定方面。实际上，教学档案在高校档案信息资源开发方面还具有更多潜在价值。学生在校期间的各种奖励（如奖学金记录、各类比赛获奖证书等材料）不仅仅在学生在校期间保送研究生、转专业、入党、评优等工作开展时才派得上用场，殊不知，这些材料在学校与校友沟通时也具有极大的利用价值。

2. 加强教学档案的管理有助于提升高校档案信息服务水平

（1）有助于推进档案信息服务社会化的进程

长期以来，高校档案部门更专注于服务本校的教学、科研和日常管理工作，对服务范围和服务对象的限制制约了社会对高校档案信息的广泛利用需求。新的社会环境要求高校档案界更新服务理念，改变以往"重藏轻用"的思维模式，定位于面向全社会进行档案信息服务。高校档案信息服务社会化，是指高校档案部门利用馆藏资源满足社会需求的一种信息服务行为，反映了新时期高校档案馆（室）在服务学校师生的同时，开始逐步重视社会日益增长的对高校档案信息服务需求的现象。网络环境为这一服务提供了便捷的同时，也强化了这一需求。高校档案机构要及时应对档案信息服务的社会化趋势，拓宽思路，研究如何将日常管理工作与这一趋势相结合。

（2）有利于优化高校档案编研工作成果

档案编研是档案信息资源开发利用的动力。目前多数高校尤其是建校时间较短高校的档案编研工作基本满足于低层次的信息汇集，针对性和实用性不强，缺乏组织与规划。加强档案编研选题的时效性，将选题与国家的重大纪念活动和学校的校庆等活动相结合，可以增强档案编研选题的前瞻性。在这项工作中，高校档案起着不可或缺的作用，因为它记录了学校教学活动的全过程，反映了一个高校的整体教学水平、学科设置、学术思想和学校的历史脉络，其蕴含的信息可以为高校撰写成果汇编、年鉴和编史修志提供权威的数据。

（3）有利于强化高校档案部门在学历认证方面的权威性和话语权

教育部明确规定，"高校档案机构是学校出具档案证明的唯一机构"。在学历鉴定服务中，招聘单位经常要求学校档案馆配合学历认证工作，对应聘人员的学位证、毕业证或其他学籍材料进行鉴定以确定其真伪。这就要求学籍档案必须完整。馆藏学籍档案如果收集不全，就无法为这项工作提供足够的材料支撑。如果馆藏记录丰富并能及时出具相关证明，校友会倍感亲切，从而潜移默化地扩大学校的影响。

学籍档案中，高考录取招生名册、毕业成绩、学位授予材料、毕业登记材料和学生派遣存根是现在学历认证、职称评定和职务晋升等的重要依据，是高校档案中利用率最高的部分。学历认证工作政策性强，责任重大，高校在参与打击学历造假行动中责无旁贷。另外，高校档案馆在保证数据安全的前提下可以考虑开发学历认证系统，为学历认证部门提供学历材料，以减少利用者查询的盲目性并提高高校档案工作人员的工作效率。

3. 网络环境下基于教学档案提高高校档案信息服务水平的措施

（1）加快教学档案的数字化进程和特色数据库建设

高校档案的数字化加工和存储是网络环境下档案信息服务的基础，数字化工作要视馆藏现状、利用需求的迫切程度分批进行。教学档案的查询需求在高校档案信息服务中所占比重最大，网络环境下这一需求更被强化。教学档案的数字化建设是现阶段高校档案馆（室）基于互联网进行档案信息服务的主要切入点。数字馆藏建设要优先考虑教学档案。在教学档案的数字化加工过程中，要严格控制质量。

数据库建设和管理是一项长效机制。高校档案馆应根据学校定位、历史沿革、地域情况和技术实力，充分发挥教学档案的特点和其中蕴藏的珍贵信息，有计划、有步骤地进行本校的数据库建设。这有利于激活教学档案的潜在价值，充实馆藏数字信息资源，提高数字档案资源的查询成功率和利用率。有条件的院校还可以优先建立特色数据库，如著名校友数据库。一些百年名校的知名校友的档案，往往成为这些高校档案馆的"镇馆之宝"。

（2）充分利用网络特点开展个性化档案信息服务

个性化档案信息服务是指基于网络通信、人工智能等多种技术获取并分析档案用户的查询需求、习惯、倾向性以及个人背景等信息，为用户提供有针对性的、特定信息的综合性服务。教学档案内容复杂、来源丰富、形式多样，是高校档案机构开展个性化档案信息服务的基础。

①灵活运用多种服务形式，提高档案信息服务能力。

高校档案馆要顺应时代需求，构建档案信息服务的新模式。Web2.0 环境下的网络应用还没有被档案界充分利用的情况下，微博、微信等传播方式又为档案信息服务提供了新的发展空间。新型的互动方式尤其适合学籍档案查询服务，这不仅能实现一对一的实时服务，还有助于档案工作人员汇集有代表性的问题集中解答，进行参考咨询服务。另外，通过在网上和广大校友的长期交流获取的信息，档案馆可以在校庆和每年的校友返校活动中做足文章。例如，在校友返校时，将其入学时的原始凭证、学籍材料、毕业论文、学位授予材料和获奖情况的复印件装订成册或包装成纪念品的形式提供给校友，将带给校友难以名状的温馨感受。这凸显了学籍档案在高校档案中的地位和高校档案馆个性化服务的能力。条件允许时，这些材料的电子版将是这种服务能力的强化和提升。

②优先开展针对教学档案信息的智能检索和知识挖掘工作。

在保证隐私权并符合法律规定的前提下，对海量的教学档案信息进行深层次的开发利用是提高高校档案信息服务水平的一项重要内容。探索对教学档案进行深加工以获取规律性数据，对校内可以更好地服务教学和学校的相关工作，对外可以更好地提升档案信息社会化服务的水平。"大数据"时代的到来为高校档案信息服务社会化提供了新的思维方式。高校数字档案馆的建设将面临社会众多类型的信息需求，服务的社会化意味着对个性化服务的强化。云计算技术和数据挖掘技术为这一服务提供了技术支撑。针对用户对教学档案的信息需求和查询习惯，高校档案馆可以推出各种有特点的网络信息个性化服务。例如，通过分析用户对学籍档案的查询历史和需求趋势，可以推出智能检索服务和推送服务。当然，这既要充分保证相关各方的利益，又要控制档案信息再次传递的范围，避免法律风险。

（七）教学评估作用

学校档案是学校直接记述和反映学校活动，保存备查的各种学校文件材料的总称；可以说，学校档案是学校树立自我形象和价值观，从而树立学校文化的载体；一方面，学校档案记述了学校树立自我形象和价值观建设的过程，可以为新时期学校建设提供借鉴和依据；另一方面，加强对学校的档案管理也是学校自我形象和价值观建设工作的重要组成部分。二者关系非常密切，并且相互促进。

学校档案是学校宝贵的财富，具有科学文化的属性，因此，学校档案建设就是一种学校自身形象和价值观的建设。学校对档案信息资源的依赖性日益增强，学校档案在改进管理方式和探索新的教育教学方法方面，发挥了积极的作用；学校档案中有很大一部分记录和保存的是学校教育教学的经验和成果，这些档案记载了无数教师多少年辛勤的汗水，反映了学校总体的教学水平，是学校教职员工的劳动结晶，即教学档案。学校档案也包含了学校组织管理的经验和教训，是学校教职员工在学校自身形象和价值观建设中不可多得的宝贵的精神财富。在"迎评"准备工作中，尤其体现了教学档案的宝贵价值。教学档案源于我们的教学实践，是在教学活动中形成的，它们是整个教育工作的记录，反映了教育工作的全过程。

高校档案作为教育评估的基础和依据，在高校评估中的作用也越来越大。可以这么说，没有高校档案，就无法进行高校的教育评估。然而，在教育工作评估中，有些人对高校档案与教育评估的相互依赖关系认识不够明确，他们认为档案在高校评估中无关紧要，因而忽视了档案在高校评估工作中的作用，使得学校整体评估工作受到影响。

1. 丰富的档案资源是高校评估工作的基础和依据

档案是无价之宝。它作为人类社会活动的真实记录，是人类文明的阶梯，也是世界文化遗产的重要组成部分。在高校，它不仅是高校发展的历史凭证，而且详细真实地反映了一所高校的历史全貌。它随着学校的建立而产生，随着学校的发展而在逐步地积累。近几年来，随着高校档案工作的不断发展，社会对于档案工作的要求也越来越高。而档案的生命力也就在于它能不断地满足社会的需求。之所以如此，是因为它具有其他资料不可替代的功能和作用。

（1）查考凭证作用

档案的主要特点就在于它的原始性强，是历史的原始记录，是最可靠的第一手材料。从内容上看，在一所学校里，它是学校历史的真实记录，是学校师生员工劳动智慧和经验的结晶，是知识和信息储存的一种形式，同时也是学校自我认识、自我总结提高、自我发展的依据之一。从形式上看，档案是文件材料有条件的转化物，是"作为历史记录保存起来以备查考的"文件，是令人信服的历史证据。恩格斯说过对于事态的真相，现在不可能提出文件来做证据。只有在事件本身成为历史陈迹的时候这些证据才会出现。因为从档案的本身来看，它原样地保留着形成者当时的亲笔手稿、亲笔签署，这些历史标记可以作为历史真迹的证明，作为查考、争辩和处理问题的依据。在熟悉情况、总结经验、制订计划、进行决策、研究问题、开拓创新等项工作中往往需要查考这些真实的历史记载。只有这些历史记载才能使我们了解过去、预测未来，并做出切实可行的科学决策，如果没有完整、准确的档案作为依据，我们就难以科学地总结历史发展规律，评估工作也就难以进行。

（2）参考依据作用

档案不仅记录了历史活动的事实经过，而且记录了人们在各项活动中的思想发展、经验教训，以及创造性成果。档案的参考依据作用就在于它的可靠性，对许多工作来说是一种宝贵的资料；对某些活动来讲，它又是不可缺少的参考依据，有些历史学家称誉它为"没有掺过水的史料"。在一所高校要培养有文化、有理想、有道德、有纪律的人才，就需要按照新的教育观、人才观和质量观的要求，全方位地深化改革，制订改革方案，进行科学研究。只有掌握档案这一可靠的资料，才能综合地去分析、去研究，才能做出科学的决策。如果离开这些，教学、科研、管理等项工作就无法进行。任何一所高校所进行的各种形式的评估，最有说服力的依据便是档案材料，只有这些材料，才能对一个评估单位进行客观、公正、全面的估价。这就明确地肯定了丰富的档案资源在评估工作中的凭证和依据作用是不可替代的，它直接影响着学校评估工作的结果。所以，人们常常比喻说，档案是进行科学研究不可缺少的"粮食"或"能源"，是带给未来收获的科学的种子。

2. 评估工作离不开档案的支持

评估是国家对高校进行宏观管理的一种手段，是对高校实行监督和考核的主要形式，是国家判定一所高校是否合格以及选定重点高校、重点学科，增设研究生、硕士生、博士生的重要依据。评估的结果是直接影响一所高校的声誉和地位，关系到学校命运和前途的大事。由于档案在评估中所占的比重和作用越来越大，档案和档案工作也就越来越引起校领导和师生员工的重视，真正强化了档案在人们心目中的地位。档案工作人员也从思想上认识到自己所从事的工作的意义和所肩负的历史责任，认识到档案工作是高校的一项重要的基础工作，是衡量学校教育质量和管理水平的重要尺度，认识到评估和档案是密不可分的，离开档案谈评估，可以说是无源之水，无本之木。在短短几个月里，学校从整理教学档案试点到推广、从检查验收到评比通报，共整理教学档案数千余卷，这不仅极大地丰富了档案资源，而且对原来不规范的案卷又进行了加工整理，使各系教学档案初具规模，纳入了规范的管理。

实践证明，档案不仅把学校过去所做的各项工作系统而准确地再现在评估汇报材料中，为评估赢得了时间，有效地解决了实际问题，而且把学校昨天工作的一个个闪光点展现在专家组眼前，有力地证明了学校各项工作汇报的真实性、客观性。所以，档案既是学校评估、改革和发展不可缺少的基础和前提条件，也是学校积累的宝贵财富，评估工作将有力地推动高校档案事业的发展。

二、提高高校档案作用的策略

（一）重视高校档案的重大价值

通过以上分析可以发现，高校档案具有十分重要的价值，因而各级各类高校必须高度重视高校档案的重大价值，切实加大对高校档案"价值管理"方面人力、物力、财力的投入力度，为高校档案"价值管理"创造有利条件。各级各类高校教师也要高度重视教学档案的重大价值，既要充分利用教学档案开展教学改革和创新活动，同时也要将自身的教学方案、教学方法、教学内容、教学模式及时地纳入教学档案管理当中，不断充实高校档案内容，只有这样才能更好地发挥高校档案的重大价值。

（二）完善高校档案的运行制度

制度具有根本性、长期性、稳定性的重要作用，要想使高校档案的价值得到更有效的发挥，就必须进一步健全和完善高校档案运行机制。要进一步明确高校档案的管理、利用和开发原则，按照"集中管理、同步管理、专人管理"的方式，健全和完善高校档案管理制度；进一步健全和完善高校档案规范化、科学化、制度化体系建设，特别是要充分调动管理人员和广大教师的积极性、主动性和创造性，形成良好的合作机制，着力提升教育档案的规范性、全面性和有效性；进一步健全和完善奖惩制度，激励管理人员和广大教师共同开展教学档案管理、开发和利用工作。

（三）提高高校档案的科技水平

随着全球科技信息化的快速发展，特别是在我国工业化与信息化融合度不断加深的历史条件下，高校档案的管理、开发和利用必须朝着科技化、信息化、智能化的方向发展。各级各类高校要大力加强教学档案数字化建设，将各类纸质档案尽快转化为数字档案，使其能够更好地发挥作用；要充分利用高校科研资源雄厚的优势，积极引导相关科研人员开发高校档案管理、开发、利用的信息化服务平台，特别是要利用大数据、云技术来提升高校档案的储存、汇总、分析等功能，使高校档案的价值得到更好的发挥。各级各类高校还要大力引进和培养具有较强思想素质、政治素质、科技素质、职业素质的教学档案管理人才，着力提升高校档案管理人员的综合素质，使他们能够在高校档案的管理、开发、利用方面不断地进行改革和创新。

综上所述，高校档案不仅是我国高校的宝贵精神财富，而且也是我国高校教学管理工作推动教育体制改革的重要组成部分，更是我国高校未来发展的重要基础，具有重要的参考价值、文化价值、证明价值、动力价值，但目前我国一些高校还没有深刻认识到高校档案的这些价值，因而高校档案的管理、开发和利用还十分有限。在我国继续推动高校档案价值得到更全面的挖掘，使档案优势转化为应用优势的历史条件下，必须高度重视教学档案的价值作用，以改革创新精神积极推动高校档案价值的管理、开发与利用，推动高校档案发挥更大的价值作用。

第二章 高校档案的收集归档

第一节 学校档案管理基本理论

学校档案整理工作的基本理论就是对档案整理活动内容、宏观管理，工作措施与经验等进行总结和提炼的活动。目前，学校档案管理理论研究除涉及宏观层面的问题外，对学校档案整理基本问题的探讨更多地体现在应用方面。学校档案管理的基础理论主要有档案"全宗理论""实体管理"等方面。

一、全宗理论

全宗是档案管理学的基础理论之一。全宗是指机关、团体、企事业单位或著名人物在社会活动中形成的档案的有机整体，是档案馆（室）对档案进行科学管理的基本单位，也是国家档案全宗的基本单位。全宗理论坚持档案的收集、整理、保管、利用都必须以维护一个立档单位的全部档案材料的不可分散性为前提，同一全宗的档案文件不能分散，不同全宗的档案文件不能混淆。按全宗来管理不仅是根据来源区分档案的一种整理方法，也是我国规定的档案管理原则，称为全宗原则。其核心是来源原则。档案管理所要解决的核心问题，就是使数量众多、内容形式广泛复杂，且管理前处于无序状态的档案文件有序化。

全宗理论是档案管理工作的理论基石。全宗理论认为，文件的来源是确定立档单位作为一个有机整体的首要因素。按照我国的档案管理全宗理论精神，一所学校在教学、科研、党政管理及其有关方面的活动形成的文件材料，积累成档案。从结构上看，学校档案是以学校内的部门或一定的个人为单位形成的。学校档案来源于这些相互紧密联系的部门（单位）或个人，从而全面系统地反映出学校各项工作活动的历史面貌。同时，各项活动产生的文件材料在时间、内容、形式等方面也有一些必然的联系。因此，我们在整理学校档案时，必须注意首先保持文件材料来源方面这种固有的联系，从而全面系统地反映学校各项活动的历史面貌。

二、实体管理理论

实体管理倡导从高等学校档案实际出发，根据高等学校档案形成的领域范畴，结合文件材料所记录内容的行政关系进行分类。按照这种档案分类基本原则，将高等学校档案分为十大类，并把声像档案作为特殊的附加载体。实体分类法把产生于同一活动领域，记录和反映相同性质的管理性文件材料和业务性的材料作为一个有机的整体加以考虑，这样就明确了各类管理性文件材料与业务性文件的归类界限。也就是说，不管档案产生于任何职能部门，凡属同一领域范畴的，都应归入同一类别中。如人事处产生的出国考察等材料，外事办产生的聘请外籍教师来校任教、讲学，外事接待等材料都应归入外事类。实体管理理论对高等学校的业务指导起到了重要作用，是目前高等学校档案管理中被广泛接受和应用的理论。实体分类成为科学指导高校档案管理的业务标准。

三、教学档案中心论

所谓教学档案，就是学校在教学实践活动中形成的反映学校主要职能活动和基本历史面貌的，在日后学校教学工作中有一定参考利用价值的文件材料。它主要包括教务工作、学籍管理工作、教研（改）工作以及教师培训（养）工作等方面的文书材料。教学工作是学校的中心工作，各项活动都是围绕教学工作开展的，教学档案理应作为学校档案的主体。并且，学校档案真实记录了学校建设和发展的历史面貌，其中许多藏品是其他单位或学校所没有的。教学档案不仅突出代表着学校档案特色，也最能体现自己学校不同于其他学校的特色。对每一所学校来说，其产生的教学档案内容具有唯一性，因此，学校的档案馆（室）藏档案要以教学档案为中心，要尽量把教学档案收集齐全完整。

四、教学档案评估理论

学校档案和档案工作的地位在很大程度上是由其发挥作用的程度所决定的。学校档案工作是管理工作的组成部分。教育部门对学校的监督检查也是通过办学水平评估、人才培养水平评估等加以落实。多年来，随着档案工作标准的不断完善，学校档案工作已由普及型转为科学管理型。在学校参与的各种评估中，学校档案的管理都十分受重视，有明确的考核条款，由此说明档案工作在办学中的重要性。作为一项专门事业，学校档案工作评估与上级部门的其他各项检查评估一样，处于同等重要的地位，是学校管理工作的重要组成部分。学校要积极开展档案管理评估活动，促进学校档案工作上水平。档案评估标准是采用定性分析和定量分析的方法制定的一套档案工作规范化考评体系。主要从组织管理、业务建设、基础设施、开发利用等方面对各单位档案工作管理进行综合评价。过去，档案工作评估分档案馆等级标准、档案室等级标准，分别按国家综合档案馆、机关和企事业单位档案室进行评估。现在，各省分别对档案升级的标准进行了一些调整，重新制定和完善了一些档案工作考评的标准。所设置的评估等级也不尽相同。有的设置为三个体系，即：省特级、省一级、省二级。也有的省将考评标准确定为省特级、省一级、省二级、省三级等四个级别。原来的国家级取消了，改为省特级。各省指标体系中的省特级都是最高标准。申请评审一般是从低级开始。目前，还没有针对学校的档案评估规范，包括高校档案管理也没有专门的评估标准，学校的档案定级升级工作主要是依据国家颁布的科技事业单位档案工作升级考核办法进行的。

第二节　归档文件编制

在着手档案工作时，我们首先要知道文件材料如何归档，哪些文件材料需要归档，哪些不需要归档？为了便于开展工作，应明确或建立相应的工作标准。

一、归档制度

实现档案工作制度化是做好学校档案工作的保障。学校在成立档案工作机构后，就应根据党和国家和上级机关的有关规定，建立相应的档案管理制度体系，归档制度就是其中必要的制度之一。

归档制度主要包括：各类文件材料整理及归档办法，各类文件材料分类方案、归档范围和档案保管期限，归档时间要求，学校各部门和有关人员档案工作责任制等。其中，文件材料分类方案、归档范围、保管期限表，简称"三合一"制度。

"三合一"制度是指导学校档案管理重要的业务规范文件之一。除了新成立的学校外，大多学校过去已经制定了相关的归档制度文件。

二、文件材料的归档范围

（一）归档范围的确定

我国从文件材料收集归档的范围，把高校档案分为党群、行政、学生、教学、科研、基本建设、仪器设备、产品生产、出版物、外事、财会等11大类。这里讲的归档范围，亦即学校教育教学的基本活动领域。其中，高校学生类文件材料的收集归档主要包括：学生入学前，即高中阶段的入学登记、体检、学籍记录、党团组织档案、毕业记录等材料。教学类文件材料主要包括反映教学管理、教学实践和教学研究等活动的文件材料。

那么，如何准确地划分归档材料呢？为了确保将应该归档的文件材料齐全完整地归档，在确定收集范围和划分保管期限时，应把握基本原则，概括地说，主要从以下几方面加以把握。

1. 校本位原则

即在收集归档工作中要讲求和坚持"本位主义"，即将本校产生的文件材料列为重点，尤其是反映教育教学活动的材料。因为，如果上级机关发的文件我们没有保存，或者丢失了，还可以到上级发文单位或者其他机关查到，而学校自己的文件材料没有保存下来，那就无从索取，或者可能永远无法弥补了。这一原则在划分保管期限时也适用。因此，要把涵盖本校基本历史面貌，反映主要教育教学活动，并在今后的工作中具有查考利用价值的所有文件材料纳入归档范围，切实收集和保管好学校自己产生的档案，以最大限度地保存学校的历史真实。

2. 人为重原则

即重视与人相关的文件材料。过去，我们对涉及个人的文件材料不够重视。现在，随着"以人为本"的理念在各项活动中的运用和落实，与人有关的文件材料也将在我们的档案工作中引起足够的重视。因此，今后在整理文件材料时，如果是涉及行政编制、社会保障、劳资政策、人事待遇，凡与个人利益密切相关的文件材料，都是最重要的原始资料。这些文件材料不仅利用率会越来越高，而且还具有维护社会和谐的重要意义，因此是重要的归档材料，在定保管期限时应从长划定。

3. 维权益原则

这是指文件材料所反映的内容属于法律依据，具有凭证价值、有利于维权、维护学校和个人利益。主要是涉及本校的产权、债权债务，学校与各有关集体或个人的经济或利益关系等方面文件材料。这一类文件材料要保证收集归档。但是，在归档时，要防止"胡子眉毛一把抓"的现象，注意突出学校的特色。在本校档案构成方面强调：

第一，明确归档的重点。各校在确定归档范围和保管期限时，应结合学校实际情况，特别强调对学校的重要活动、重要会议、重要事件、基本建设项目、科研项目、教育教学改革、典型人物等方面的材料收集范围，保证不缺失材料，并从长确定保管期限。因为这些内容最能体现和代表自己学校与众不同的文化、精神内涵方面的特色，最能反映学校发展或前进的历史轨迹，都是作为永久保存的档案资源。对这些文件材料要保证跟踪收集齐全完整。

第二，重视电子文件及其他非纸质档案的归档。档案可以划分为纸质档案、非纸质档案两大类。当今时代已到了数字化时代，电子档案与纸质档案已成为密不可分的关联体，因此，对非纸质的档案，例如电子文件、照（胶）片、音像档案、实物档案等其他载体形式的档案也要同步收集归档。

除了本校的文件材料外，上级部门、同级需要贯彻执行的政策文件和重要的工作指导性文件，及其他具有查考价值文件也在归档范围之列。

（二）保管期限的划分

档案保管期限是对档案价值和重要程度的一个标志，也是保障档案安全和学校档案整理工作质量的重要业务标准。

为有利于优化馆（室）藏档案，在划分保管期限时应把握如下原则：

第一，凡是反映本校主要教育教学活动、基本历史事件、经济关系和个人利益的，对本机关、国家建设和历史研究有长远利用价值的文件材料，应列为永久保管。

第二，保管期限要明确到最低一级的文件种类。

第三，凡涉及学校与教职工的权益有关的档案，从长划定保管期限。例如，对干部职务任免，受到县级以上表彰奖励的事项就应列为永久保存。

第四，凡是反映本校一般工作活动，在一段时间内对工作有查考利用价值的文件材料，列为定期保管。对上级或下级机关的文件材料，其档案保管期限大多可划为定期。

（三）归档时间

学校各类文件材料的归档应区别处理。根据学校工作的特点，一般来说，教学类文件材料的归档时间以学年度为基点：学校内各部门应当在一学年的下学期归档，各院系等单位应当在次学年寒假前归档。

科研类材料应当在课题或项目完成后两个月内归档，基建类档案应当在工程项目完成后三个月内归档。

财会类归档材料应由学校财务部门按照会计档案归档的要求，负责整理装订成册。当年的会计档案可以在财务部门保管一年以后，编造清册移交学校档案部门。

三、制定归档文件

归档文件的内容主要包括制定文件的依据，学校文件资料的归档范围及保管期限，不归档的范围，归档要求、归档分工、适用范围和执行时间等方面。

在确定归档范围和保管期限文本时，要求明确、具体，内容层次清晰。对那些不能分类的材料要具体明确文件名称。要反映出学校办学活动中产生的文书及其他文件材料的种类，尽量不要使用模糊的概念，以便于操作。

四、文件的审批

在制定和修订本校的文件材料分类方案、归档范围、保管期限表时，应充分征求校内各部门的意见，以使其更完善。归档范围和保管期限制定出来后，定稿前，送本校主管领导审查。定稿后，应以文件形式报学校当地档案行政管理部门，经审查同意后即可执行。如果档案管理基础较好，过去已制定了相关文件，那么，应根据学校机构、职能的变化、工作内容、文件材料的变化及时进行修改或调整。修订或调整后的"三合一"制度，也要报经同级档案行政管理部门审批。

五、不归档的文件及处置办法

（一）不归档的文件范围

在进行文件材料的归档工作时，往往对哪些应该归档，哪些不需要归档产生疑问和混淆。按照国家规定，除了应归档的文件材料，下面是不归档的文件材料范围：

第一，本校制发的重份文件。一般除特别重要的文件可保留几份外，凡同一份文件均只保留一份，同时保留该文的草稿、定稿。

第二，本校或不相隶属机关印发的无查考利用价值的一般事务性、临时性文件，如会议的临时通知，要求上报文件材料的公函，洽谈工作的介绍信，外单位不属于主要职能活动的一般文件，如启用印信的通知、节假日放假通知等。

第三，未经签发的文电草稿、一般性文件除定稿外的历次修改稿、铅印文件中除主要领导人亲笔修改稿和定稿以外的各次校对稿。

第四，询问一般性问题、提出一般性建议或意见的群众来信，无特殊保存价值的信封。

第五，学校内部互相抄送的文件材料。

第六，本校负责人兼任外单位职务形成的文件材料。

第七，从各方面搜集的参考性文件材料。

第八，相关负责人参加非主管部门召开的会议带回的不需要贯彻执行和无查考价值的文件材料。

第九，其他单位任免、奖惩非本校教职人员的材料。

第十，非隶属单位或越级抄送的一般的不需要办理的文件材料。

第十一，上级召开的重要会议文件，同级单位之间协商工作的往来文件以及下属部门年度以下的总结、统计报表、一般专题的报告等不必备案的文件材料。

（二）不归档文件的处理

除了存档的文件材料以外，对不存档材料，一般可采取以下办法处理：

1. 销毁

每年（学期或学年）初，学校档案部门应组织各部门做好各类文件材料的及时清理工作。除归档的文件材料外，及时将不需存档的文件材料进行清理和销毁。但需要对销毁的机密文件造具清册，由领导签字后销毁。

2. 退还

对学校向教师借用的资料退给本人自行留存。对征求意见稿的文件及时退还反馈给业务部门，以便在今后修改资料时参考。

3. 保存

对兄弟院校赠送的管理工作或教学经验介绍材料，或通过各种途径收集到的参考资料等，在分类整理的基础上装入相应的参考资料文件盒，供以后教学或工作参考。

4. 入馆

对兄弟院校或出版社等交换或赠送的自编教材、讲义、书籍、教学参考（复习）资料，可以送到学校图书馆或有关系、部的资料室收藏、保管，便于日后查考。作为一种专业档案，学校档案工作要结合学校工作的特点，不断完善档案具体管理的制度和办法。

第三节　文件材料的收集工作

如前所述，档案收集是档案工作中首要的一项基础工作，也是具有难度最不容易做好的一项工作，没有档案资源，或馆（室）藏不丰富，就根本谈不上档案信息的有效开发利用，因此，应十分重视做好这项工作。

一、收集工作的意义

档案资料是档案工作的物质基础，是提供利用服务的基本条件。由于学校在办学的各项活动过程中形成了各种类型的大量的文件材料，而这些文件材料在未收集归档之前是分散游离在党政管理、教育教学、科研等许多活动过程中的，将档案资料收集齐全完整，才能更全面地反映学校工作历史的真实面貌。

在档案管理系统中，收集、整理、编目、检索、鉴定与开发利用等工作环节，构成了各个不同的分项工作系统，各分项工作又相互依赖、相互依存、相互作用，共同发挥档案管理的系统功能。在这个系统中，档案收集与开发利用最为密切，更具有明显的互动作用。在收集的基础上通过有序的整理，方便提供利用。因此，要使收集工作疏而不漏，保证有完整的高质量的档案材料提供利用，除了加强档案意识和档案知识的宣传教育外，还必须扎实地做好收集工作。

二、文件材料的收集

收集工作是档案工作的重点，也是一个难点。因为我们要收集的档案在很大程度上处于不确定或稍纵即逝的状态。收集工作应注意树立广大教职工的档案意识，发挥基层人员的作用，调动全员参与的责任，这是做好学校档案工作的重要一环。

（一）收集

在文件材料归档制度指导下，由各职能部门把所主管的业务活动形成的文件材料收集齐全，向学校档案部门移交。

（二）档案的收集工作应遵循以下原则：

1. 保证档案材料的完整、准确、系统

凡在教育教学、管理、科研等活动过程中形成的对国家和学校具有保存利用价值的文件材料都应尽可能收集归档，尤其是学校在各项工作活动中形成的重要文件以及相关材料必须收集齐全，以反映出学校各项活动的基本面貌。

2. 收集注意体现学校档案室藏及特色

所谓特色，是指事物所表现的独特的色彩、风格等。学校档案室藏特色，即学校收集归档的档案中最能反映本校教育教学活动的专有内容和档案形式。特色档案的重点在本校的教学档案方面，例如，本校的办学经验、主体专业建设、精品课程、教育教学改革材料、优秀教师及名人档案、典型教案、优秀学生论文（作业）、优秀毕业生材料等等。各校要根据办学实际，建立一个成分和结构合理的室藏体系。即在丰富和保证档案收藏的同时，还要讲求室藏档案门类结构合理，质量优良，内容完整精练，为开发利用工作提供保证。由于本校产生的文件材料是自己独有的，其中，又尤以学校的教学档案为重，每所学校的教学档案都是孤本，所以，每所学校都应将其收集工作重点放到教学档案上，并逐步建立有学校特色的档案馆（室）藏体系。

三、收集方法

档案收集工作是广角度、多层次的。要重视现行文件材料的归档。学校档案收集的方

式主要有以下几种：

（一）随时收集

在一项工作完结后，及时将有关资料收集归档。在部署工作时，同时安排对文件资料的归档要求，逐步形成良好的工作习惯。对于基建档案、照片档案、荣誉档案等则在项目完成后随时收集，收到事半功倍的效果。

（二）制度归档

归档制度是使文件材料流向档案管理部门的规程，是为文件材料的收集所做的制度保证。根据学校文件材料的形成规律，在开展各项工作时，要同时关注文件材料的及时收集归档。即在归档管理办法的指导下，根据文件材料的实际情况，按照公元年度、教学年底分别收集。

（三）主动征集、上门收集

在日常工作中，有的人档案意识不强，办完一件事，文件材料没有及时归档，需要时文件早已不知去向了。在归档问题上，由于人们的认识不一致，该归档的材料有的人不愿交出来，是担心使用时不方便，档案员去要多次也收不上来。因此，就需要档案部门一是发挥工作的主动性，多说服动员，努力把该归档的文件材料收集齐全。二是尽可能地参加到某些活动中去，了解活动的过程，随时注意收集材料。三是对重要的或散佚的文件材料，精心核查寻觅，还要采取主动上门征求的办法进行收集，弥补某些重要材料的空白。

（四）复制

对散失的或孤本档案，采取复制的办法进行收集。

（五）接收

接收的档案。主要是撤销学校、撤并组织的档案，还包括接收内部撤销机构、单位的档案。

（六）接受捐赠

主要是校内校外的校友所做的捐赠。

总之，档案资源是一个长久不断的积累过程，档案收集是一项经常的、深入的、具体的工作，不可能一劳永逸。应该坚持随时收集和集中收集相结合的办法。

四、收集的重点环节

(一) 重视做好日常归档工作

平时的积累工作。老的档案工作者积累了很多行之有效的办法和经验，但对于新从事档案工作的人员，有可能不知从何处入手，那么，下面介绍的一些工作是做好平时归档积累的基础。

1. 抓住文件源头归档

也就是说要十分重视文书处理环节，通过建立文书处理归档制度，保证文件材料的齐全。

一是收发文件及时登记。不管是其他机关、单位通过何种渠道给学校的外来收文，还是学校自身印制的文件，都应分别进行收文、发文登记。收、发文登记是文件出入的必经关口，做好收、发文的登记，是清楚地把握文件的流向，保证文件材料归档的重要措施之一。

文书处理的印鉴环节。把好用鉴归档关，就是在文件用印后，随即留下归档的文件。这样，在很大程度上就避免了文件材料的散失，比起事后收集，能收到事半功倍的效果。

由于各校的管理体制不一样，所以工作分工也不同。很多学校的档案部门是隶属于学校行政办公室的，与文书处理部门的关系就密切些，上述有的环节甚至是档案部门的工作任务之一，就容易把握或控制。对那些档案部门是独立设置的学校，就需要建立相应的制度，使学校文书处理部门以及所属各单位与学校档案部门密切配合，落实相关的归档责任。

2. 差旅费与归档挂钩

通过建立相应的制度，督促归档，保证外出参加会议或考察人员获得的资料归档。

3. 正本优先归档制度

即在办理公文时，首先留出发文底稿、文件的正本及备份归档，以免在办理过后遗忘或散失。也是要求文件随时办理归档。

4. 检查总结拾遗补漏

在对部署的工作、科研项目进行中期检查，或一项工作结束时，或对文件整理收盒时，有针对性地对应归档的文件进行检查，看文件是否办理完毕，已归档或应归档的文件是否完整齐全，还要看文件材料的字迹、用纸是否符合归档要求，以便及时发现问题并及时采取相应的补救措施。

5. 及时整理归档文件

档案部门要形成严谨有序，及时对归档的文件进行整理的工作习惯，防止归档材料的积压，或事过境迁带来的应归档的文件材料难觅踪影的麻烦。

（二）明确重点收集项目

要使文件材料收集齐全完整，收集工作中，需要重点把关。在收集或划分保管期限时，对下列文件资料要重点收集和特别强调：

一是关系到学校的长远利益或经济利益的文件资料。

二是涉及学校的征地、扩建，规划、搬迁，地籍红线、房屋产权，水、电、网络等管线方面设计及建设图，相关的合同、协议。

三是有关学校组织机构资质、章程、编制批复。

四是学校利益及教职员工个人利益方面的凭证性文件材料，比如：人事任免、奖惩、人事录用、转正、聘任、调资、定级、考核以及停薪留职、辞职、离退休、死亡、抚恤，职工租赁事项的合同、协议和手续等。

五是重点项目、重要事件、重要人物的档案，等等。

上述文件材料不仅是收集的重点，而且也要列为永久保管。对有些材料甚至要复制备份，异地保存，以防万一。本校有关干部职工个人利益的文件材料均属于永久保管的范畴。除了学校领导人以及本校内部机构领导人的任免材料外，凡是涉及师生员工个人的切身利益的文件材料全部列入永久保管范畴。

档案收集上还要防止重结果轻过程的倾向，注重对教育教学过程中产生的文件材料的收集，维护档案的完整性。同时，也防止重要文件材料的遗失。例如，科研成果的鉴定，某项中心任务结束后，没有档案部门接收相关档案材料的签证，便不能算工作的最后结束。

总之，档案收集是一项很具体和复杂的工作，而且是"稍纵即逝"，在工作中只有采取灵活多样的方式才能取得好的效果。

第四节　归档文件的整理

文件材料收集到档案室后，就要对其进行科学整理、立卷归档、编号上架。文件材料只有经过科学整理归档后才成其为档案。下面对归档文件整理工作的基本方法进行介绍。

一、文件材料归档与鉴定

（一）归档整理工作

归档文件材料的整理工作，就是按照科学的方法、规则，将零乱的和需要进一步系统化的文件材料组织成有序的单位，使之有效地提供利用的环节和过程。换句话说，将归档文件材料转化为档案之前的过程就是归档文件材料的整理。这里包括以下几层含义：

其一，是一种对收集起来的文件材料进行加工的过程。现行的文件还不是档案，而没有进行加工的档案就像大海捞针，不能有效地提供利用。只有经过科学整理的档案才能在人们需要的时候更好地提供利用。

其二，归档文件材料的整理是将无序的文件材料有序化和系统化的过程。所谓系统化，即在整理时，按照文件材料的来源、形成的时间、重要程度、形式等方面的不同特点，将文件材料进行基本的分类、组合、排列和编目，组成有序体系。保持文件材料之间的各种有机联系，使其能更容易地被检索和反映内涵。所谓有序化，是将文件材料按照一定的规律进行编排，使其系统脉络明晰，因果关系清楚，便于查证。

其三，文件材料的整理是按照科学的方法和规则进行的，是一项专业技术性的工作。

对归档的文件材料进行科学的整理是档案室（馆）的主要任务之一。通过收集工作集中到档案馆（室）的档案，只有经过科学整理，使零散的文件资料实现条理、秩序，并将其中的关键成分通过整理凸显出来，才能有效地提供利用。因此，文件材料归档整理工作是档案业务的中心环节。

（二）文书档案的鉴定

在文件材料归档、整理的同时，还要对其真实性和价值的高低进行鉴定。档案鉴定就是鉴别和判定档案的价值，挑选出有价值的档案交档案机构保存，剔除无保存价值的档案予以销毁。它直接决定着档案的存毁，是档案管理中最重要同时也是难度最大的一项工作。在此之前，制定各类文件材料的归档范围和保管期限表，也是对归档文件材料的价值鉴定的过程。档案部门应定期对文书档案的保存价值做鉴定，即根据文书档案的现实价值和历史价值，以及保管期限的有关规定，对所藏各案卷的保存价值加以科学的估量，对仍有保存价值的文书档案继续保存，对无保存价值和已满保管期限的文书档案定期剔除，经审批后销毁，进而使档案室保存的案卷具有较高的质量。

二、文件材料整理工作原则

开展文件材料整理工作要注意把握以下原则：

（一）遵循文件材料的自然形成特点和规律

学校档案是在学校各项教育教学活动中产生的，真实地记录和反映了学校活动的历史面貌，文件材料整理工作应维护学校工作内在有机联系的整体性，顺应文件材料自身的形成特点和规律。其中，包含以下三层意思：在整理文件材料时，一是注意活动的整体性，如：要求正式会议、某项活动形成的文件要保持其齐全完整；二是要注意文件本身要完整，像文件的正文与附件、请示与批复不可分割，即注重文件材料之间的内在联系；三是在对文件进行分类和排列时保持文件材料之间固有的自然次序，如归档文件整理依照会议通知、报告、决议，重要文件的初稿、讨论稿、修改稿等自然形成过程加以排列。

（二）保持文件材料之间的历史联系

所谓文件之间的历史联系，就是文件在产生和处理过程中所形成的内部相互关系。文件之间的历史联系，主要表现在文件的来源、时间、内容和形式等几个方面。

1. 保持文件来源的相关性

不论是本校产生的，还是上级针对本校下发的指示性、指导性文件材料，或者相关的批示、批复，本校编印的简报刊物定稿和印本，编辑出版物的定稿、样本等等，这些文件材料之间已相互构成了来源方面不可分割的联系。因此，只有在保持文件来源方面联系的前提下，文件的时间、内容、形式等方面的联系，才能更深刻地反映文件形成的活动面貌，体现档案作为历史记录的特点。

2. 保持文件时间上的联系

学校在开展教育教学活动时，都有一定的过程和阶段性，使文件之间具有一定的时间联系。整理档案时，应该注意保持文件之间这种时间联系。

3. 保持文件内容的完整

归档的文件应该齐全、完整，同时，所收集的档案材料必须是原始的真实的，都应该是原件，要杜绝以复印件代替原件归档的做法，要保持文件材料的真迹，维护其历史全貌。

4. 保持文件在形式方面的联系

如果是在部门立卷制下完成归档工作，要通过规范的档号显示归档文件的内涵，保持归档文件有机联系。对于不同载体的归档材料，要充分发挥现代化的管理效能，无论归档材料的实体划归在哪一个类目中，利用计算机检索，应把同一事由的归档材料联系起来，反映出来，使利用者能得到完整的档案信息。

（三）保存档案工作基础

我们所做的工作都是在前人的基础上进行的。学校档案在形成的过程中融入了许多他人的劳动，而且也直接体现了人们历来整理和保存档案的情况和成果。因此，在整理档案的时候，应该做到：

1. 尽量不进行拆卷整理

即对已经立卷和整理有序的案卷，或整体接收的有规可循、有目可查的档案，不要轻易地拆卷或打乱原有的整理体系重新整理，这一点应该坚持和强调。一般来说，只对零散文件进行必要的加工整理。

2. 维护档案原有的形式

对部门整理归档的档案，应当充分研究和利用原来案卷、检索工具等整理的成果，力求保持已整理过的原状。对先前整理不当以至明显错误的，可通过业务指导的方式加以改动和纠正。

（四）必须便于保管和利用

在对档案进行有序化的过程中，应当满足维护档案的安全和有效地提供利用的目的。现在，档案的计算机检索正在不断地发展中，通过计算机对档案信息进行科学管理，实现把分散在不同类目中的同一事由或问题的档案信息快捷地检索出来，这也是保持归档文件在档案信息上的联系的最有效的方式，同时，有利于档案的成套利用。

三、整理程序

前面谈到，整理的环节使文件材料有序化、科学化。学校文件材料整理工作内容主要包括：全宗内档案的分类、组卷、卷内文件的整理、案卷的装订和案卷目录的编制等。整理文件材料主要包括以下基本环节：

（一）实体分类

档案实体分类，主要是从档案信息的物理形态进行的保管、排架、存放等工作。在档案实体分类中，第一层次是国家全部档案的宏观分类，它为规划国家档案馆网系统，建立各级各类档案馆提供理论依据。档案馆内的区分全宗是第二层的分类，全宗内档案分类是第三层的分类，它根据全宗内档案的来源、时间、主题内容和档案的形式等标准，将全宗内档案进一步系统化，直至建立起档案的最小保管单位——案卷。档案文件材料的整理就是进行这样的分类。

（二）整理

这里指通过进行具体的有序化工作将归档的文件材料组成保管单位以方便查阅的程序。这种整理工作并不是单纯、孤立的。文件材料整理环节应与文书处理工作相衔接，查疑补缺，保证疏而不漏。例如，有请示还应有批复，重要文件的征求意见稿、讨论稿、定稿齐全，文件的附件情况，与首次签订的合同、协议相关的补充合同、补充协议，批示与办理情况，计划与总结等，都必须环环相扣，与文书处理的结果和归档责任保持紧密的联系。如果哪一个环节出现了缺失，归档就不可能完整，也将给今后的利用带来困惑。

（三）编目

以案卷级进行整理时，卷内文件整理结束后，要对案卷封面项目进行标注。狭义的编目是指对归档文件编制引导目录等工作。归档文件目录包括件号、责任者、文号、题名、日期、页数和备注七项。

广义的编目还应该包括对档号的编制。档号是档案实体管理编号的总称，它包括全宗号、类目名称、卷盒号或案卷号、保管期限、件号和页（张）号等。其中全宗号是档案馆指定给每个全宗的代码；案卷号是档案馆、室内案卷排列的顺序号；件号是卷内文件的顺序号；页（张）号是卷内每页文件的顺序号。

四、档案整理原则

档案整理的原则是指在整理档案的过程中必须遵循的准则，也就是整理各门类档案总的质量要求。在高校档案整理的两个阶段中，虽然档案整理的原则基本上是一致的。但在整理的不同阶段中，档案所处的状态与档案整理工作的具体内容，还是有区别的。因此，下面从档案整理的两个阶段来分别阐述档案整理的原则。

（一）归档文件整理的原则

1. 遵循文件材料的形成规律

辩证唯物主义认为，世界上的一切事物都是遵循其自身所固有的规律运动着的。高校在招生、教学、科研、管理等工作活动中直接形成的各类文件材料，总是呈现出一定的规律性。尽管学校各个部门的职能与业务范围不同，但它们的各项工作却是按照一定的规律进行的。各门类文件材料是在各部门工作活动中自然形成的，既是各部门处理问题的依据，又是学校各项工作活动的直接记录。因此，文件材料也是按照一定的规律形成和处理的并有其形成上的特点。以学校招生工作为例，在一年一度的招生工作中，首先会形成招生计划，然后会产生招生指南或简章，其内容包括招生名额、专业分配、学校规模与特点等，最后会形成新生录取名册与招生工作总结等文件材料。又如教学楼工程建设工作，首先要产生教学楼工程设计图纸与有关部门的审批文件，以及教学楼工程经费预算与审批文件；其次要产生教学楼工程建设投标与中标方面的文件材料；最后会形成教学楼工程施工计划、竣工验收、工经费结算以及整个工程的各种基建图纸资料等。再如学校召开会议，在会前，一般要经学校批准发出会议通知、起草会议文件材料；在开会期间，会产生校领导的工作报告，讨论通过的决定或决议、会议记录、简报、总结报告、录音录像及宣传报道材料；在会后，要整理会议纪要、会议情况报告等。这些都充分说明，学校或者学校每一个部门进行的每一项工作，都是按一定的规律有计划、有步骤地开展的。而文件材料也是按照一定的规律，在工作进行过程中逐步地、一份一份地形成的。所以说，学校各项工作活动的规律，直接决定了学校各门类文件材料形成的规律。而文件材料的形成规律，又是学校工作活动规律的客观反映。文件材料的形成规律，是不以人的意志为转移而客观存在的。因此，我们在整理归档文件材料时，一定要遵循各门类文件材料的形成规律，才能全面正确地反映学校主要职能活动的历史面貌。如果在整理工作中，任凭个人的主观想象，违背文件材料的形成规律，就不可能保持文件之间的有机联系，也不便于文件材料的保管和利用。以同一具体内容的请示与批复文件而言，它们在形成过程中也有着自然的形成规律，通常是先产生请示，后产生批复。因此在整理时务必将请示与批复放在一起并当作一件装订入盒。如果人为地将批复作为上级、请示作为本级文件分开装订入不同的卷盒，就违背了文件的形成规律，割断了文件之间在内容上的有机联系，就不便于利用。

2. 保持文件之间的有机联系

唯物辩证法认为，物质世界是普遍联系的统一的整体。一切事物的存在与发展，都是互相联系着的，并有其内部的规律性。尽管学校各个部门的职能任务与业务范围不尽相同，但是每个部门的工作都不是孤立地进行的。它同直属的上级主管业务部门、学校的综合职能部门以及同级的各个部门，在开展工作的过程中都有一定的关系。即使是在一个部门中某一项工作发展的不同阶段之间，也都有着一定的关系。各门类的文件材料，又是在学校各部门的各项工作活动中逐步形成的。因而，文件之间的联系，既是学校与上级机关之间、学校各部门之间、工作发展不同阶段之间关系的如实反映，也是学校或部门各项工作活动规律的客观反映。由于凡是要归档的文件，都是已经处理完毕的具有一定查考保存价值的，而且主要是作为学校各项工作活动历史记录归档而保存起来的文件，因此，人们通常把文件之间的联系看成是一种历史联系。今天的学校历史，就是昨天的学校工作活动；今天的学校工作活动，也将是明天历史。更确切地说，在学校工作过程中所形成的文件之间的联系是有机联系。正如两个有生命的机体中的各个部分之间的联系那样，互相是不可分割的，它们共同构成了生命的有机整体。文件之间的有机联系，实质上就是文件之间所固有的内在联系，即本质联系。归档文件的整理，必须保持文件之间的有机联系，才能达到反映学校各项主要工作活动的历史面貌、便于保管和利用的目的。在归档文件的整理工作中，保持文件之间的有机联系，也就是保持文件之间在形成过程中内容上的直接联系。例如，同一个文件的定稿与正本、同一具体事项的请示与批复、同一个年度的财务计划与决算、同一项工作的计划与总结、同一个案件或事故的调查证明与结论处理的文件材料，都是在形成过程中构成了一种必然的承上启下的顺序和具体内容之间的本质联系。在进行文件整理时，如果人为地分割了文件之间的有机联系，自然就违背了文件材料的形成规律，既不便于保管，也不便于利用。

3. 区别不同价值

文件是在学校各项工作活动中自然形成的，每一份或每一组文件材料的产生，都有它一定的目的与作用，不是开展工作的依据就是教学、科研与管理工作情况的记录。文件的价值，是由文件的内容及其对学校的各项工作的作用来决定的。文件的现实使用价值，通过办理基本实现以后，有的现实使用价值就自然消失而且无继续使用价值，也有的现实使用价值仍然存在或者转化为历史的使用价值。经过整理归档后，归档文件的使用价值集中地表现为历史的查考价值，通常又叫文件的保存价值。由于文件的内容与作用不同，所以文件的保存价值也就不同。一组文件材料记述与反映了学校的主要职能活动和基本历史面貌，对今后学校的各项工作、国家和社会以及校史研究具有长远的利用价值，那么，它们的保存价值就大，组成的案卷保管期限就长，需要作永久保管；反之，它们的内容一般，只在一定时间内对学校工作具有参考利用价值，那么它们的保存价值就小，只需要作长期或短期保管。由于学校各门类归档文件的保存价值差异较大，所以区别文件的不同价值就成了归档文件整理原则的重要内容之一。也就是说，在进行归档文件整理时，一定要把不同保存价值的文件区别开来，分别进行组卷或装盒、排列、编号。如果根本不区别文件价值，势必会造成一个案卷内鱼龙混杂，给今后的档案鉴定和保管工作带来极大的不便，甚至会导致今后重新返工整理与编目。

4. 便于保管和利用

归档文件整理的目的，是使归档的文件既能反映学校各项工作活动的历史面貌，又便于保管和利用，因此一定要保证归档文件材料的齐全与完整。如果学校每个年度应归档的文件材料残缺不全，就难以达到整理的目的。便于保管和利用，是一个问题的两个方面。要便于保管，就是要在保持文件之间有机联系的同时，适当区别文件的不同保存价值，将不同价值的文件分别装盒或组卷、排列、编目；而要便于利用，就要保持文件之间的有机联系，不能只顾区别文件的价值而人为地分割文件之间的有机联系。尽管两者的出发点都是为了确保各门类档案整理的质量，反映学校各项工作活动的历史面貌，但是保持文件之间的有机联系与区别不同价值，毕竟是两个不同范畴。前者是反映文件的本质，能够全面地、历史地反映出学校各项工作活动的本来面貌，以便日后查考利用；后者是从保存价值上区分文件的重要程度，使整理的档案主次分明，突出本校各项工作活动文件这个重点，以利于今后的安全保管。总之，在通常情况下，既注意保持文件之间的有机联系，又适当区别文件的不同价值，就能达到便于保管和利用的目的。

（二）档案馆（室）档案整理的原则

高校档案馆（室）档案的整理工作，通常分为两种情况：一种情况是，学校全面推行了文秘和各业务部门立卷归档制度，应归档的文件材料主要由学校文秘和各业务部门的兼职档案人员组织相关业务人员进行整理归档，学校档案馆（室）只需要对归档的档案进行分类、排列、编目、上架的工作。只有当接收归档的档案未达到归档质量要求时，学校档案馆（室）才需要对归档的档案进行局部的加工整理。另一种情况是，学校档案馆（室）直接从学校各部门或撤销单位收集或征集来的档案是积存的零散档案材料，学校档案馆（室）就需要对其进行全过程的整理工作。这样，高校档案馆（室）档案整理，除了要遵循归档文件整理原则外，还要遵循按全宗整理和充分利用原整理基础的原则。

1. 按全宗整理的原则

一个高等学校的全部档案，一般就是一个全宗。即使这个学校在名称、级别、办公地址、隶属关系和办学规模上有所变更，其档案也同属一个全宗。但是，从20世纪初以来，高校进入了一个大合并时期，有的学校由几个学校合并成一个新的学校，其档案构成了一个新的全宗，合并前几个学校的档案则分别各自构成全宗。这样，在一个高校档案馆（室）中，就出现了要保管多个全宗的状况，于是在有的高校档案馆（室）的档案整理工作中，就必须要遵循按全宗整理的原则。档案必须按全宗整理，同一个全宗的档案不能分散，不同全宗的档案不能混杂。按全宗整理的原则，就是指在整理档案时，全宗的档案不能分散，不同全宗的档案必须分开。按全宗整理既是学校档案馆（室）整理档案的原则，又是整理档案的科学方法。因为，当学校档案馆（室）馆藏的档案涉及多个全宗时，只有按全宗整理，才能够保持文件之间的有机联系，系统地反映和维护这个学校历年来各项工作活动的历史真实面貌。

（1）全宗的含义

全宗是指一个机关、社会组织或者一位著名人物在其工作活动中形成的各种门类和各种载体的档案组合体。全宗不仅表示档案的数量，而且表示它是一个有机整体。即这些档案反映了一个机关、组织或著名人物的活动面貌，档案之间是相互联系、不可分割的有机整体。这个档案整体是处于运动状态的，其变化主要表现在两个方面：一是档案数量与质量的变化，由于档案的不断形成与销毁，数量有增有减，质量不断优化；二是档案存放地点的变化，随着时间的推移，全宗中永久、长期保管的档案或撤销单位的全部档案由档案室按规定移交到相应的档案馆（室）保存。由于全宗既是学校档案馆（室）进行档案整理、保管、鉴定、统计、编目的基础单位，也是国家档案全宗的基本单位，因而高校档案馆（室）在整理档案时，必须要遵循按全宗整理的原则，首先按照形成档案的单位或其他特征，将它们划分成不同的全宗。

（2）立档单位及其构成条件

立档单位与全宗是紧密联系在一起的。立档单位就是形成全宗的单位或个人，又称全宗构成者。一个立档单位所形成的全部档案构成一个全宗。概括地说，立档单位必须是具有法人地位的学校或机关、组织、自然人。作为一个立档单位必须具备下列几个条件：第一，可以独立行使职权，并能以自己的名义单独对外行文；第二，是一个预算会计单位或独立的经济预算单位，自己可以编造预算或财务计划；第三，设有管理人事的机构或人员，并有一定的人事任免权。以上三个方面是统一的、互相联系的，但是最根本的还是第一个条件。在确定一个学校或机关单位是否具备立档单位的条件时，一般应从法规性、领导性文件和实际职能活动情况进行具体分析。凡是符合立档单位条件的党政机关、团体、企业、事业单位应分别设立全宗。

（3）立档单位的变化与全宗的划分

随着社会的发展，常常会发生立档单位增设或撤并的情况，进而引起全宗的产生和变化。这就要求档案人员深入研究立档单位变化的情况，根据其变化的性质，正确地划分全宗。就目前情况而言，主要是看立档单位的基本职能是否发生了变化。如果基本职能发生了根本性变化，其档案的所属全宗也随着发生变更。通常有如下几种情况：第一，立档单位撤销，表示其职能任务的终结，其档案应构成一个全宗，新成立的单位具有新的职能任务，其档案也应构成一个新的全宗；第二，几个立档单位合并成为一个新的立档单位，合并前几个立档单位的档案分别各自构成全宗，合并后新的立档单位，其档案则构成新的全宗；第三，一个立档单位改组成几个立档单位，原立档单位的档案属于一个全宗，改组后新成立的几个立档单位，其档案各自构成新的全宗；第四，原来是一个立档单位的内部机构，后发展成为一个新的立档单位，其档案应构成一个新的全宗，原来的档案属于原立档单位的全宗；第五，基本职能未发生根本性变化，只是立档单位的名称、级别、办公地址、隶属关系的变更，职能任务与职权范围有所增减，其档案均不能构成新的全宗。

2. 充分利用原整理基础的原则

高校档案馆（室）在整理档案中，应遵循充分利用原整理基础的原则。对已经整理过的档案，要认真研究原来整理的状况，区分哪些是合理的，哪些是不合理的，应充分利用原来整理的成果。只要是有目可查，有规可循，一般不要轻易打乱重新整理。对于确实分割了文件之间的有机联系，卷内文件保管期限混杂，既不便于保管又不便于利用的案卷，才应做适当的加工调整。利用原整理基础，是档案部门在长时期整理档案实践中总结出来的一条经验。各个时期整理档案的要求与方法都不完全相同，因此，高校档案馆（室）档案人员不要常年陷在档案的重复整理之中。否则不仅会使档案馆（室）工作长期处于被动局面，而且也会加重档案材料的机械磨损。

五、档案整理意义

档案整理是高校档案管理基础工作中的主要环节，对于高校档案管理工作的其他各个环节都具有直接的影响。因此，档案整理工作的重要意义主要表现在如下几个方面。

（一）档案整理是高校档案信息化建设的基础

高校的档案整理，基本上包括两个方面：一方面是对纸质档案实体进行系统的分类、划分保管期限、组卷、排列、编号、编目等工作，这就为通过手工录入、直接扫描、胶片转换等手段实现案卷级或文件级目录的数字化和档案全文数字化打下了基础；另一方面是将收集积累的电子文件进行分类、排序、组合直至建立数据库，这也为建立目录数据库、全文数据库以及文档数据库创造了前提条件。未经整理的档案，每份文件没有固定的位置与编号，没有系统的目录，要想建立学校统一的文档数据库、实现案卷级或文件级目录数字化和档案全文数字化是完全不可能的。

（二）档案整理是档案提供利用的前提

无论学校教职工还是广大学生利用档案，都要求及时准确地调出档案经系统整理与编目的档案，查找起来好比大海捞针一样困难。档案经过系统整理、编目、输机、排列、上架，需要利用什么档案，档案管理人员就能得心应手地及时提供档案。所以说，档案整理是档案提供利用的前提。

（三）档案整理便于档案的鉴定、保管、统计、检索和编研

档案经过了系统整理，便于档案的鉴定、保管、统计、检索和编研等环节工作的开展。在档案整理过程中，按文件的不同保存价值进行组合，这就为档案的鉴定工作打下了良好的基础，而且还去掉了文件上的金属物，也为档案的保管提供了有利的条件。档案经过分类、组合、排列、编号、编目等系统的整理，就有了统计的基本单位和赛统的卷数件

数，不仅便于档案统计工作的顺利进行，而且在编制档案参考资料时，可以通过目录系统检索和利用档案材料。

　　档案整理就是通过对档案分类、划分保管期限、组卷、排列、编号、编目等工作，使档案变无序为有序的过程。档案整理工作，按其内容与程序可以分为区分全宗、全宗内档案分类、划分文件的保管期限、组卷、排列、编号、装订、编目、上架、编写立档单位与全宗说明等步骤。由于被整理档案的种类或制成材料各不相同，档案整理的步骤与方法也不完全相同。需要说明的是，就一个立档单位而言，除档案馆（室）接收合并或撤销单位的零散文件材料外，在现行高等学校实行文秘部门和业务部门立卷归档制度的情况下，在整理归档文件材料时，一般就不存在区分全宗的工作。

第三章 高校归档材料的整理

第一节 公文立卷的基本方法

一、归档文件整理的要求

对归档文件材料进行整理的一个环节是立卷。文书部门按照文件材料在形成过程中的依存关系，将已经办理完毕的具有查考利用价值的文件材料组成具有内在联系的案卷单位的过程叫立卷。

立卷不仅是文书部门整理与保存文件的一种重要方法，也是档案整理工作的重要环节。立卷是学校全宗内文件分类后的进一步系统化，它是档案整理的一项重要的基础性工作。如前所述，将高校档案划分为：党群、行政、科研、基建、设备、出版物、教学、财会、外事九大门类。这九大类档案过去大多是以纸质档案存在的，其中党群、行政、外事这三大类均属于管理性文件，过去被称为文书类档案，文书立卷改革最初是界定在党群类、行政类范畴内。教学、科研、基建等归档的材料基本属于业务性、专业性技术文件，过去被称作科技类档案。

二、文书材料整理方法的改革

（一）文书档案立卷整理改革

档案案卷是档案工作过去常用的一个词。所谓档案案卷是按照一定的特征编立的、具有密切联系的若干文件的组合体。所谓以卷为单位，就是将属于同一方面共同特征且密切联系的文件综合在一起组成一个单位，装订成册后加以保管。早期，档案的整理曾经是以卷为单位进行的。将零散的内容相同或相近的一组文件资料组合在一起，编写目录，装订成一本案卷，以提供利用，这就是所谓的立卷整理。立卷是档案整理一项十分重要的工作，也是对档案整理工作进行评估的重要内容。

（二）"卷"与"件"的区别

卷，也称案卷，是指在档案整理中针对某一问题或某一工作活动，将具有内在联系的文件材料组合成一个集合体。

件，原指可以一一计算的个体事物。在归档文件整理中是反映某一问题或工作的每一份文件材料的物理单位。所谓以"件"为归档文件的整理单位，一般以每份文件为一件，文件正本与定稿为一件，正文与附件为一件，原件与复制件为一件，转发文与被转发文为一件，报表、名册、图册等一册（本）为一件，来文与复文可为一件。一般情况下，件是进行装订、分类、排列、编号、编目、装盒的基本单位。"件"是单体，"卷"是组合体。"卷"是多"件"文件组成的。"卷"是以案卷为保管单位，"件"是以文件为管理对象。

三、立卷改革的意义

文书立卷改革是适应档案管理科学化、现代化的需要。根据国家档案局的要求，凡有条件的机关档案部门都应推进《归档文件整理规则》。这样做，旨在规范归档文件的整理方法，因为计算机检索是档案管理发展的必然趋势，而目前我国档案管理正处于手工检索与计算机检索的交汇时期。在这一时代背景下，为适应计算机管理的需要，对过去已习以为常的归档文件分类方法和立卷方法的改革显得十分重要。立卷改革也是为实现文档一体化管理创造条件。

四、正确理解《归档文件整理规则》

由于档案立卷是一项复杂的技术工作，如果对文件材料或档案工作缺乏足够的理解，就很难把握好立卷。立卷是由文件卷宗发展而来的。20世纪50年代时，文书处理在文件归档之前先把相关的文件放在一个卷宗夹内，这种形式是预立卷的雏形。

作为我国档案工作的业务规范，《归档文件整理规则》主要是针对文书档案整理而言，其关键是取消过去以"案卷"为单位的立卷工作，改为以件为单位进行装订、分类、排列、编号、编目、装盒。

一般来说，《归档文件整理规则》更适用于文书档案的整理，其他类别的文件材料也可以参照执行。由于文件形成单位的性质、职能，所产生的文件资料情况千变万化，文件整理所采用的方法也是灵活机动的。在运用时主要从以下三方面加以把握：

第一，各种类型的文件形成单位和各种门类的文件应采用适合其具体情况的方法、技术，不必强求一律；或者说，在对不同的文件材料进行整理时，也可以保留案卷级整理。

第二，文件整理工作也应讲究效益。而且，采用新方法、新技术收益一定要大于投入。

第三，文件整理不仅仅是立卷问题，还涉及分类、划分保管期限、装具、编目、归档制度、向档案馆移交制度等诸多问题，应统筹兼顾，综合考虑。在具体整理时，一定要具体情况具体分析，使用最佳的，最有利于提供利用的整理方案。

实际工作中，我们面对的文件材料立卷整理的情况各种各样，因此，整理方法也就得正确把握和灵活运用。下一节将结合文件材料整理的具体情况，对文件级整理、案卷级整理的方法分别进行简要的介绍。

五、文档的建设思路

我们必须明确，档案评估不仅是档案部门的事，而且是一项涉及全校的系统工程。凡计划进行档案管理定等升级的学校，档案部门首先要对自身条件进行准确的估计，确定一个适当的通过努力可以实现的工作计划，并向学校领导汇报。当学校决定开展档案管理迎接评估工作后，要成立相应的工作机构，明确领导，落实工作任务，以保证各项工作扎实开展和有序进行。在筹划工作时，档案部门的负责同志要将工作的目标、实施方案和存在的问题、明确需要重点解决的问题，向主管领导汇报，争取得到支持，特别是在落实必要的硬件建设方面，争取给予资金的投入。

前面曾说过，学校档案管理评估是一个以学校为主体的自我完善过程，要紧密结合日常工作进行。为了通过评估切实改善和促进工作，学校档案评估最好采取目标管理的方法进行。所谓目标管理，是指管理者与被管理者共同确定总目标，把总目标转化为部门目标和个人目标，管理者通过目标，对所属部门和每个成员进行管理。通过对实施过程的管理和成就的评估，促使各部门、每个成员自觉地朝着预定的目标努力工作，以实现整体目标。

运用目标管理的理论和方法进行学校档案管理，开展档案管理评估迎检工作，首先，要确立目标。涉及从学校层面到档案工作部门，从各职能部门到专兼职档案工作人员，都要有奋斗目标。学校教育目标是总目标，部门和个人的目标要为实行总目标服务。确立目标，要把学校的目标和评估标准告知档案工作人员。学校确定的目标要切合实际，既不能定得太高，也不能定得过低，是经过努力可以实现的。其次，要对实现目标的情况进行自我评价，明确需要重点解决的问题，以对症下药。最后，要对实现目标的全过程进行有效的管理，按工作进程和阶段，及时进行检查、督促，反馈相关工作情况的信息，努力解决存在的问题，协调指挥和行动。要充分发挥学校专兼职档案工作人员的智慧，促使他们主动地实现分项目标。

凡计划进行档案管理定等升级的学校，首先要对自身条件进行准确的估计，确定一个适当的通过努力可以实现的目标。学校档案部门要按照等级标准，结合本校的实际情况，认真做出上等定级规划。在了解现状，摸清家底的情况下，根据学校档案工作实际情况，制订出档案管理达标工作方案甚至实施细则。档案部门要根据计划认真组织实施。为了保证各项工作的完成，各校可根据档案工作的实际情况，分阶段地选择工作的目标和方向，循序渐进，由初级目标向高级目标迈进，扎实做好每一项工作。同时，划分职责，落实分项工作任务，最好要明确各项任务的相关责任人员，明确各岗位在目标中的具体工作职责和工作内容，把工作落到实处。

决定开展档案评估的早期，应从学习评估标准开始介入。学校档案部门要组织对评估标准进行认真的学习、讨论，对评估指标体系的内涵加强理解，吃透精神。对本校档案工作的软、硬件情况进行摸底，明确重点工作的内容，然后对照要求制订工作方案。要采取相应的措施，将单纯的业务管理转换为全面的管理，努力保障各分项目标的实现，使各项建设工作达到相应的验收标准。

第二节　学校归档文件材料整理的方法

由案卷级向文件级整理是一次改革。由于学校档案的特殊性，在工作中，有很多问题目前仍在探索中，需要具体情况具体分析。但是，为了适应现代化管理的需要，这里结合工作实践，介绍各类归档文件整理的基本方法。

一、学校档案中"件"的确定

因为学校档案的门类多，档案业务性较强，情况复杂，除了党群类档案外，学校档案中其他几种业务门类档案的"件"有时也不易认定，实际工作时可采取以下办法进行理解和把握：

教学类档案：教学计划、教学大纲都可以以原有的本为一件。难以把握的，如学籍档案等，可以以一个班级为一件，自编、主编教材等以本（或册）为一件；著作以本为一件；论文以篇为一件；招生录取表可以分别以本科生招生录取登记表、硕士生招生录取登记表为一件，也可以一个地区的录取表为一件；奖学金发放表以材料内容的多少，以班级或年级、专业名册为一件；相关的统计表格为一件。总之，件的确定应尊重文件材料的形成规律，便于查找利用。

科研类档案：科研类归档的资料，以每项成果（或课题）研究的各个阶段的成果为件的单位。

基建类档案：基建类档案还包括建设、结算、维修报建等内容的文件资料。此外，很大部分是设计、竣工验收等图纸资料。在进行整理时，应视文件材料的具体情况确定。凡合同、图纸会审等文件类，可以其单份自然的构成为一件。

尽管如此，客观地说，不可能以"件"取代所有的"卷"。在实际的档案整理工作中，还是要根据有利于管理和查找利用的需要，采取区别对待，讲究效益，统筹兼顾的策略，灵活确定。重点应该放在简化立卷质量要求上面，不搞一律化，不搞一刀切。对于其他种类的档案，根据归档材料的具体情况，采用卷与件结合的方法进行整理。适宜立卷的还是立卷。例如，教学类档案、科研类档案、声像类档案等，以每件事由立卷，卷内再根据情况来划分具体归档的"件"。

（一）整理方法的运用

在学校归档文件材料整理的实践中，也会遇到不适宜按文件级原则整理的情况，通常可以综合灵活运用某些整理方法。

1. "件"与"卷"相结合

按照《归档文件整理规则》的要求，党群类、行政类、科研类等档案以"件"为单位进行整理，而对于财会档案、科研档案等一些类型的档案，大多更适合以案卷的形式进行整理的，还是需要订成案卷。

2. 分类法的协调

应该说，文件级档案管理与档案实体分类法之间在管理方法和手段上有同有异。不同的是文件的管理单位有变化，相同的是两者都以年度、问题（机构）分类。因此，在整理归档文件材料时，可以相互借鉴。在运用《归档文件整理规则》时，可按问题或机构分设一、二级类目。在学校档案分类大体的基础上，一级类目保持"年度—类别（问题）"分类法，二级类目可按机构分类。

3. 疑难问题的处理

在运用文件级整理时，也会遇到某些棘手的问题，这时，应根据具体情况进行处理。

（二）归档文件不足

在归档整理中，有时会出现归档文件材料少的情况。当归档的文件数量少，出现组成的文件材料只有几页或更少的情况，即使用最薄的卷盒也会有余。为了节约或有效利用排架空间，当卷内文件数太少时，可以采取组合叠加的方法：即按"一文一卷"或"一事一卷"确定的案卷，先用印制的软卷皮装订好，根据具体情况，将几个小卷装入同一个案卷盒内，然后在盒上标明盒内所装小卷的起止号。具体组卷时，可采取将立"大卷"与立"小卷"的方法结合起来运用。这样做，可以避免在同一案卷出现多个分类号的问题。同时，这样的小卷也方便查找和利用复制。

1. 区别"件"与"卷"

前面已经介绍过对涉及基本保管单位"件"的处理。在实际工作中，与《归档文件整理规则》相衔接时，还要注意：如果是同一类问题的文件，应尽可能地将其集中，合并装订为一个大的"件"。例如，一个教学班级的学生学籍档案，整理后就是一件。这个"件"，也就是"卷"，即档案盒内的小"卷"。

还有像学校内部各部门的工作计划，一个班级或年级的考试试卷，新生录取登记表等，都应根据具体情况的需要来确定"卷"或"件"。当有的归档文件材料类别不适合用《归档文件整理规则》时，一般来说，凡纸质档案，仍可以按传统的办法进行整理。其他新型材料或类别的档案按有关专业标准进行整理。

2. 插入文件的处理

日常工作中，也会出现整理工作完成了，而后来有插件、补件，或发现有遗漏需要归档。遇到这样的情况，可将应归档的文件登记排列在对应年度同类已归档的文件之后，接续编文件号。或者在相关问题已经固定编号的文件后，用件号后面加"−1，−2"的方法解决补充文件或插件的问题。

3. 档案的评估

虽然档案评估也涉及学校的管理，但档案评估主要的还是大量的业务工作。像基础业务工作、开发利用工作都是以实际工作成果为评估记分的依据。而且，很多工作都不是靠一时的突击能够做好的。因此，相关工作一定要在平时扎实做好。还需要注意的是，在评估的过程中，要始终坚持实事求是的原则，通过评估，切实落实和解决学校档案工作的机构设置、人员配备、设备添置、档案经费、档案实体管理、案卷质量、人员素质等具体问题，切不可搞弄虚作假，为评估而评估的行为。同时，要通过达标升级活动，切实促进提高学校档案工作的整体水平，和学校档案工作的发展。档案评估与学校已经熟悉的人才培养水平评估、文明高校评估等评估相同，开展目标管理，实现评估达标实际上是学校的一个很好学习和自我完善、自我提高的过程。在这个过程中，应本着以评估促收集、促内部管理、促利用的原则，按照评估标准的要求，逐条对照，认真做好学校档案管理的各项基础工作。要通过评估工作，使学校档案工作达到促进管理，提高整体工作效能的目的。评审一般是采取看、查、问等方式。专家组开始评审前，先要听取学校的工作汇报。因此，学校需要准备好档案工作的汇报材料。评审结束后，评审小组会与申请学校交换意见，并将评审意见呈交相关机关审批。档案馆（室）定级升级后，一般要经过两年以上的巩固和提高才能申请晋升上一级。接待工作准备。学校档案部门与上级业务部门联系，掌握评审工作进程，落实专家来校的时间安排，并对迎接评审进行总体部署。做好汇报会场、必要的资料陈列等准备工作，安排好相关的迎检事项。报送评审材料。基本完成建设任务后，对档案分室的工作组织自查，对在自查中发现的问题，进一步完善，把问题解决在专家组进校评审之前。向上级业务部门呈送申请评审的报告。工作的衔接。学校档案部门应主动与职能部门、分档案室或系部进行协调沟通，要求相关人员在岗，随时接受检查。

（四）全宗内档案分类

1. 全宗内档案分类的含义与内容

分类是根据事物的相同性和差异性，集合相同的事物，区别不同事物的思维方式。档案分类是根据档案内容和形式的异同，按照一定的分类标准来区分档案的过程。全宗内档案分类，就是对某一全宗按档案的来源、产生时间、内容和形式上的异同进行分门别类。全宗内档案分类实质上是对一个立档单位所形成的全部档案的实体分类，具体包括如下几项工作：一是分类方法的选择，即根据立档单位和全宗的具体情况，决定采用什么分类方法或分类标准；二是分类方案的制订，即具体设置类目，在分类方法确定后，具体确定分几个层次，每个层次设些什么类；三是档案的归类，即设置了类目以后，按照各个类目的范围，将档案归入所属类中，防止不同类别的文件混淆在一个案卷内。全宗内档案分类，是档案整理工作中首要的一步工作，它使档案系统化、条理化，固定了文件归类的位置，为归档文件的组合或立卷工作打下基础。

2. 高校档案实体分类

在进行高校档案实体分类的过程中，要注意合理处理好各类之间文件材料交叉的问题。例如，高校学生奖惩的文件，一般都要经过学校行政发文做出决定，这些文件是归入行政类档案还是学生类的学籍档案呢？教育部明确规定："我们的原则是，各门类档案关系密切的管理文件，除涉及全校、全局的外，一般归入相应门类档案保存各类档案中，除密不可分配套的声像材料外，其余均归入声像档案单独保存，在编号上用参见号的方式相互呼应，以方便查找利用。"在行政类档案中，除综合性的外，教学、科研、产品生产与科技开发、基建、设备、出版、外事、财会等方面管理工作的文件材料就归入相应各类，保持各类的相对的完整、准确、系统，显得更加科学，更便于管理和查找利用。

3. 档案的多种分类方法

综合性的高校，规模大、机构层次多、档案来源广泛、种类繁多，因而在确定了第一级类目之后，还必须根据各个大类归档文件材料数量与内容等具体情况，设置第二级或第三级类目。也就是说，高校的档案，通常要通过几种分类方法分层联合使用，即对其进行分层分类。在进行高校档案分类工作中，在第一级类目下位的第二级分类中通常可以采取不同的分类方法：党群类、行政类的下位可以采用组织机构分类法；学生类、教学类的下位可以采用问题分类法：科研类、基本建设类、仪器设备类、产品生产类等，可以分别采用以科研项目、工程项目、设备种类、产品种类构成的问题分类法；出版物类下位可以采用出版物、学报进行分类的方法；财会类的下位，可以采用按档案制成材料的不同构成的财务文书、报表、账簿、凭证进行分类。

（1）单项分类方法

单项分类方法，是与复式分类方法相对而言的。国家行业标准《归档文件整理规则》规定：归档文件可以采用年度—机构（问题）—保管期限—年度—机构（问题）等方法进行分类。而且还规定，年度、保管期限为必选项目，机构（问题）为选择项目。尽管上述分类方法，主要是针对党政机关归档文件分类而言的，但是通过实践证明，这种分类方法基本上也适用于高校档案的分层分类。

①年度分类法

年度分类法，就是根据文件形成和处理的年度进行分类。每一份文件都有形成时间，有的文件除有形成时间以外，还有内容针对的时间。分年度，就是以文件的成文日期，判定文件的所属年度。下列文件，一般按以下方式判定其所属年度归类：

a. 计划、规划、总结、预决算、统计报表以及法规性文件等内容涉及不同年度的文件，统一按成文日期为准。电报则以发出的日期，判定文件所属年度归类。

b. 跨年度召开的会议，分类时统一归入会议闭幕年度归类。

c. 查处一个案件中形成的文件材料，分类时统一归入办结年度归类。

d. 几份文件作为一"件"时，分类时统一以装订在前面文件的年度进行归类。

e. 没有标明落款日期的文件材料，应通过对照等手段考证文件的准确日期或推断近似日期，据以按年度归类。

f. 对在专门年度中形成的文件材料，如教学年度，应按照专门年度归类。

g. 临时性机构，存在时间不长，文件材料较少，形成的文件可以不分年度，放在工作结束年度归类；如果每年文件数量较多，也可以分散在各个年度内归类。

②组织机构分类法

组织机构分类法，就是根据文件在文书处理阶段形成和处理的承办单位进行分类。按组织机构分类，也就是按照立档单位的内部组织机构来分类。一般说，有一个内部机构就设一个类，组织机构的名称就是类名。各类的次序可以按照立档单位内部组织机构序列表的规定顺序来排列。以高校为例，如果在高校十一大类的行政类下位再按组织机构分类，就可设置校长办公室、人事处、教务处、学工处、研究生处、招生与就业指导处等。采用组织机构分类法，原则上是由谁起草或承办的文件，就归入该内部组织机构类；但是，由几个内部组织机构承办和处理的文件，一般应归主办机构类。

③问题分类法

问题分类法，就是根据文件内容所说明的问题进行分类。按问题分类，类目的设置要切合实际，设些什么类，类的名称，都必须根据立档单位的职能任务、档案内容以及文件数量多少来确定，问题概括要简明确切。同一级各类应互相排斥，不应互相包容或交叉。同一份文件的内容单一，应归入相应的类，内容涉及多个问题，则可以归入综合类。

④保管期限分类法

保管期限分类法，就是根据文件或案卷的保管期限进行分类。档案部门多年实践证明，按照档案的保管期限进行分类，是档案部门经常采用的一种分类方法。但是，目前各门类档案保管期限的划分却不一致。仅从高校档案实体分类的十一大类档案中就可以看出其差异：行政类或党群类的档案，可以视作文书档案。

（2）复式分类方法

高等学校档案的分类，仅仅进行第一级分类是远远不够的，往往还必须在下位进行第二级和第三级的分类，一般是用几种分类方法分层联合使用，采用不同的复式分类方法。下面主要介绍四种常用的复式分类法：

①年度—组织机构—保管期限分类法

即先将归档文件按年度分类，每个年度下按机构分类，再在每个组织机构下面按保管期分类。这种分类方法适用于内部机构不复杂的立档单位。采用此种分类方法，在库房排架时，每年形成的档案按机构序列上架，不需要预先留空，也避免了倒架，库房管理非常方便。同时，可将不同年度同一机构形成的文件，按保管期限的下岗，分别依次排列在一起。

②保管期限—年度—组织机构分类法

即先将归档文件按保管期限分类，每个保管期限下按年度分类，再在每个年度下面按组织机构分类。这种分类方法同样适用于内部机构虽有变化，但不复杂的立档单位。采用此种分类方法，在档案管理时，不同保管期限，分别上架，便于档案移交进馆。但每个期限后应预留柜架，以备以后各年档案陆续上架。否则需要每年倒架。此方法适宜于现行高校文件的整理归档工作。

③年度—问题—保管期限分类法

即先将归档文件按年度分类，每个年度下按问题分类，再在每个问题下面按保管期限分类。这种分类方法多用于机构变化复杂，或由于机构之间分工不明确、文书工作不正规等原因难以区分文件所属机构，以及没有内部机构或内部机构非常简单等情况。

④保管期限—年度—问题分类法

即先将归档文件按保管期限分类，每个保管期限下按年度分类，再在每个年度下面按问题分类。这种分类方法适用于不宜按机构分类的单位。一个高校档案的分类方案，不管选择哪一种复式分类法，一经确定就不要轻易变更，应保持相对稳定，以使分类体系具有连续性，便于查找利用。

(四) 划分文件的保管期限

1. 从文件材料的来源分析判定

文件材料的来源，主要是看文件材料的责任者。一般地说，本校行政或党委制发的文件材料比校外机关或学校发来的文件材料重要；以本校行政或党委名义形成的文件材料，又比以本校行政或党委所属各部门名义形成的文件材料重要；直属上级主管机关发来的文件材料比非直属上级机关发来的文件材料重要，直属上级主管机关发来的，直接针对本校工作并与本校文件具有密切联系的文件材料又比直属上级主管机关发来的普发性、与本校文件只有一般联系的文件材料重要。

2. 从文件材料的内容分析判定

文件材料的内容是决定文件保存价值的一个主要方面。文件材料的内容，主要是看文件材料所反映问题或数据的重要程度。一般地说，文件材料的内容，是反映本校主要职能活动和基本情况，具有全局性、综合性、方针政策性、法规性的，其保存价值就大，应当列为永久保管；文件材料的内容，仅仅是反映本校一般行政事务和业务活动，只具有局部性和业务性的，其保存价值就小，可以作为长期或短期保管。

3. 从文件材料的时间分析判定

文件材料的时间，也是判定文件保存价值的一个重要方面。例如，学校年度工作总结就比学校季度、月份工作总结重要。

4. 从文件材料的形式分析判定

文件材料的形式主要是指文件材料的名称、稿本及外形特点。文件的名称不同，其保存价值也不相同。例如，决定、决议、条例、规定、办法等相对比函、简报的保存价值大；文件的正本与定稿比修改稿、草稿的保存价值重要。

5. 从文件材料的执行要求分析判定

文件材料的执行要求，主要是从文件正文的执行要求的语句上来分析。学校行政与党委发出的文件，如指示、指示性通知、批转通知、转发通知，往往在正文结尾执行要求的用语上显示出了文件的不同保存价值。例如，有"以上意见，希认真贯彻执行"与"上述各点，请参照执行"要求的文件比"它们的做法，可供各院参考"要求的文件重要。

(五) 以"件"为单位归档文件的组合与编目

1. "件"的组合

按照规定，"件"是归档文件的整理单位，也是作为档案保管的基本单位。所以"件"的组合，就是将在形成和处理过程中产生的具有密切联系的两份以上的文件组合成一"件"的工作。在一份文件自身组合的过程中，一般每份文件为一件，文件正本与定稿为一件，正文与附件为一件，原件与复制件为一件，转发文与被转发文为一件，批转文与被批转文为一件，请示文与批复文为一件，问函与复函为一件，报表、名册、图册等一册（本）为一件。上述给"件"的界定说明，本着简化整理深化检索的宗旨，给"件"的界定增添了灵活性。也就是说质上同性质、同事由的一组文件均可以界定为一件。不过在进行文件自身的组合中，在具体做法上有一些值得注意的地方。

（1）文件正本与不同稿本

文件的再本与定稿为一件，但定稿过厚不易装订的，也可单独作为一件重要文件（如法律、法规等）需保留历次修改稿的，其正本与定稿应作为一件，而历次修改稿可以各为一件。

（2）正文与附件

附件是作为正文的补充说明或参考材料，一般应与正文作为一件；如果附件数量多或者太厚不易装订时，也可单独作为一件。

（3）文件与文件处理单

文件与文件处理单应作为一件。

（4）原件与复制件

原件与复制件应作为一件，此处复制件是指由于原件制成材料、字迹材料等不利于档案长期保管而复印的文件。

（5）报表、名册、图册

报表、名册、图册等，一般每册（本）的内容都相对完整，具有独立的检索价值，因此应按照其本来的装订方式，无论是一册还是一本均可作为一件。但是，一册会计凭证，却不能作为一件，因为一张记账凭证与其所附原始凭证，必须放在一起作为一件。

2. "件"内文件的排列与编页号

根据规定，"件"内有密切联系的文件材料的排列顺序为：正本在前，定稿在后；正文在前，附件在后；原件在前，复制件在后；批转、转发文在前，被批转、被转发文在后；批复在前，请示在后；复函在前，问函在后；定稿在前，历次修改稿在后；结论性材料在前，依据性材料在后。凡是由两份或两份以上有密切联系的文件组合成"件"的，按一份文件统一编页号，以固定"件"内文件的排列顺序。

3. "件"的装订

"件"的装订，是指采用符合档案保护要求的材料，将"件"内的文件装订在一起。

它是以"件"为单位整理归档文件的基础环节中的一项重要工作，其目的就在于从实体上将归档文件以"件"为基本单位确定下来，固定"件"内文件排列和页次的顺序，防止文件页码丢失，便于保管和利用。多年归档文件整理工作的实践证明，高校归档文件材料中，除基建图纸、产品全套设计定型图纸、会计凭证外，一般都可以采用以"件"装订的方式。按照要求，在以"件"为单位装订前，要去掉文件上的金属物，要托裱破损文件，字迹模糊的复制件还应与原件放在一起。

"件"的装订，一般采用左侧装订，如左侧装订会装掉正文文字的，也可以采用上侧或左上角装订的方式。以"件"装订的材料必须符合档案保护的要求，装订方式要能够较好地维护文件的原始面貌和利用时便于复印。以"件"装订的方法，可以视文件页数的多寡而定，每"件"在3~5页的，可采用胶棒逐页粘贴；每"件"在6~15页的，可采用标准细白棉线双线装订；在16页以上的，则可采用标准粗白棉线单线装订。无论是细线装订还是粗线装订，均用三孔一线。

4．"件"的排列

"件"的排列是指在分类方案的最低一级类目内，根据一定的方法确定"件"与"件"之间的先后次序的工作。归档文件应在分类方案的最低一级类目内，按事由结合时间、重要程度等排列。会议文件、统计报表等成套性文件可集中排列。根据规定，结合归档文件排列工作的实践，"件"排列的方法很多，归纳起来主要有如下几种类型：

（1）按照不同的保管期限排列

即将归档文件按照永久、30年、10年等不同的保管期限分别排列，将同一保管期限的"件"系统地排列在一起。

（2）按照不同的年度排列

即将归档文件按照文件形成与处理的年度先后顺序排列，年度在前排前，年度在后排后。

（3）按照事由原则排列

事由原则，实质上就是按照文件内容所反映的性质或问题之间的联系排列。由于事由或问题是一个具有原则性和灵活性的概念，它既可以指一个具体的事或问题，又可以指一个比较笼统的、大一点的事或问题，只能根据同一事或问题文件的多少灵活地进行概括。因此，往往按照事由或问题再结合重要程度进行"件"的排列。

（4）同一事由文件的排列

可以采用按文件形成时间的先后顺序排列，成文日期在前的文件排列在前，成文日期在后的文件排列在后。

（5）会议文件、统计报表等成套性文件的排列

在区分辑管期限的前提下，再按文件形成的不同阶段分别进行排列。

5. "件"的编号

归档文件应依分类方案和排列顺序逐件编号，在文件首页上端的空白位置加盖归档章并填写相关内容。编号是指将归档文件在类中的位置标志为符号，并以归档章的形式在归档文件上注明。归档文件编号第一项工作是给文件编件号，即文件的排列顺序号；第二项工作是加盖归档章并填写其项目。

（1）编件号

件号是反映归档文件在类中的位置和固定归档文件排列顺序的重要标志。件号分为室编件号和馆编件号两种。归档文件在分类、划分保管期限、装订、排列后，其位置得到确定，此时编制的排列顺序号称为室编件号；移交进馆后，由于再进行鉴定、整理，归档文件在类中的位置发生变化，此时按照新的序列顺序重新编制的件号，称为馆编件号。

（2）室编件号

室编件号即归档文件在分类方案的最低一级类目内的排列顺序号。室编件号应在分类方案的最低一级类目内，按文件排列顺序从"1"开始标注。以归档文件采用"年度—组织机构—保管期限"进行分类为例，室编件号应在同一年度内、同一组织机构的一个保管期限内从"1"开始逐件流水编号。例如，行政类办公室形成的永久、30 年、10 年三个保管期限的归档文件，编件号后便形成 3 个流水号，即永久的从"1"开始编一个流水件号，30 年的又从"1"开始编一个流水件号，10 年的也从"V"开始编一个流水件号。再如，归档文件采用"保管期限—年度—问题"分类的，室编件号就应在同一保管期限、同一年度的一个问题内从"1"开始逐件流水编号。

（3）馆编件号

由于各种原因，档案馆往往需要对归档文件再进行鉴定、整理，如将部分档案抽出、补入等，使目录中的件号出现断号、跳号等现象，从而增加了档案馆管理工作的难度，有必要重新编制件号，因此应预先设置馆编件号项，并在归档章和归档盒盒脊等处预留位置。件号必须逐"件"编制，不能将同一事由的多个文件只编一个件号，否则即使是借助计算机，也可能使某些归档文件成为无法查找的死档，同时不利于档案统计工作。编号项目确定后，要以归档章的形式逐件标志在每一件归档文件上，以明确归档文件在盒中的位置。

6. 盖归档章

加盖归档章并填写相关项目的工作，一般是在归档文件装盒前进行的。归档章的项目及填写方法。归档章的项目包括全宗号、年度、保管期限、件号、机构或问题。其填写方法如下：

（1）全宗号

全宗号按档案馆给立档单位统一编的全宗号填写。

（2）年度

年度指归档文件形成的年度。填写时，采用公元纪年，以 4 位阿拉伯数字表示，不能简化。

（3）保管期限

保管期限按归档整理鉴定时划定的保管期限填写。

（4）件号

按排列的件号填写室编件号。档案移交进馆后，需要局部调整，室编件号有所变动，由档案馆填写馆编件号，如不需要重新整理，室编件号无变化的，馆编件号也可以空着不填写。

（5）机构（问题）项

机构（问题）项为选择项。凡是采用组织机构或问题进行分类并作为最低一级类目的，一般均应填机构或问题。机构（问题）项，实质上也可以理解为最低一级类目的名称。虽为选择项，但填写实为必要。在填写归档章相关项目的实际工作中，归档文件的"盒号"应当列入归档章的必备项，于是有的就把"拿号"填写在"馆编件号"项内。这的确是一个值得进一步规范并加以解决的问题。因为，归档文件的盒号与件号之间有着密切的联系，而且在归档章中列出盒号项，也有利于归档文件的统计工作。因为一盒也相当于一卷。归档章一般应加盖在归档文件首页右上端的空白位置，如果占用上述位置可将归档章盖在首页的其他空白位置但以右上端为宜。如文件处理单作为首页的，即在文件处理单上端加盖归档章。文件首页确无盖章位置或重要文件须保持原貌的，也可以在文件首页前另加盖归档章。归档章尽量不要压住文件字迹，也不宜与批示文字或收文印章等交叉。归档章要使用原子章或印泥等耐久的字迹材料。

（6）填写归档章项目使用的字迹材料

填写归档章项目时应使用符合档案保护要求的字迹材料，如碳素墨水等，也可使用打号机打号。禁止使用圆珠笔、铅笔、纯蓝墨水等不耐久的字迹材料填写。

7. "件"的装盒

以"件"为单位整理的归档文件，在排列与编"件"号之后，必须进行装盒。"件"

的装盒是将归档文件按室编件号的顺序装入档案盒内，并填写档案盒封面、盒脊及备考表的工作。归档文件装盒的主要目的，一是防止文件的磨损，有利于保护档案；二是能够竖放排列上架，便于检索。"件"装盒的具体要求如下：首先，归档文件必须按室编件号顺序装入档案盒，并视文件的数量选择厚度适当的档案盒；其次，装盒时应尽量将同一事由、1年度、同一保管期限的归档文件，装在同一档案盒内，不宜将年度不同、保管期限不同的归档文件装入同一档案盒内；再次，备考表放在盒内所有归档文件之后。

8. 档案盒的格式与项目填写

档案盒是归档文件的装具，也可以根据需要设置其他尺寸的厚度。在档案盒的封面、盒脊上反映着盒内归档文件的检索数据。档案盒的封面印有全宗名称全称或立档单位的规范化简称，下加双横线。档案盒盒脊应根据摆放方式的不同，在盒脊或底边设置各检索项目，包括全宗号、目录号、年度、保管期限、机构（问题）、起止件号和盒号等。全宗号填写档案馆为立档单位统一设置的顺序号；年度填写盒内文件所属的年度；保管期限填写盒内所有文件共同的保管期限，并用汉字标示；机构（问题）填写盒内文件所属类或属类的名称；起止件号填写盒内排列最前和排列最后的归档文件的件号，其间用号连接；盒号填写档案盒在此类或属类中的排列顺序号。盒号一般是按照档案盒上架排列顺序编流水号。备考表项目与填写。备考表的项目，包括盒内文件情况说明、整理人、检查人和日期。各项的填写要求如下：

（1）盒内文件情况说明

填写盒内归档文件需要说明的情况，包括盒内文件缺损、修改、补充、移出、销毁等情况。

（2）整理人

填写负责整理该盒归档文件人员的姓名，以明确责任。

（3）检查人

填写负责检查归档文件整理质量人员的姓名。

（4）日期

填写归档文件整理完毕的日期，也可以是该盒归档文件整理完毕的日期。若归档后盒内文件有变动情况，档案工作人员应随时在备考表中注明。

（六）归档文件编目

归档文件编目，是指在归档文件装盒后，根据分类方案和室编件号顺序逐件编文件目录的工作。归档文件目录反映了全宗内各类归档文件的种类，它是档案保管、鉴定、统计、检索、利用、数字化等工作的依据与基础。

1. 归档文件目录的格式

归档文件目录的格式包括目录表头、目录表格形式、各项目在目录中的位置等，各学校可以根据需要，在一般格式的基础上自行确定各栏目的详细尺寸。同一立档单位的目录格式应保持一致，不能随意更改。由于目录中不同条目的长短不同，占用的空间也不同，目录中的行距可以有所不同。归档文件目录一般设置件号、责任者、文号、题名、日期、页数、备注等项目。

2. 归档文件目录项目的填写

根据归档文件目录所设置的项目分项填写方法如下：

（1）件号

填写室编件号。

（2）责任者

责任者是指制发文件的组织或个人，即文件的发文机关或署名者。责任者可以是一个学校或机关内部的一个部门，也可以是几个部门，或者是一个人或若干人。填写时一般应使用全称：通用简称，注意不能使用"本校""本院""本部"等不规范简称。

（3）文号

填写归档文件的发文字号。

（4）题名

即填写归档文件的标题。一般情况下，文件只有一个题名（正题名），填写时照实录入，有的文件还有副题名，当正题名能够反映文件内容时，副题名不需录入；当文件没有题名，或以文种作为题名时，应根据文件内容重新拟写或补充标题，并在新拟或补充标题之外加"［］"号；会议记录需重拟题名时，应写明会议的时间和主要内容，会议记录以一次会议的记录作为一件，并拟写题名。

（5）日期

填写归档文件的形成时间，即发文时间（文件的落款时间）。具体填写日期项时，应以 8 位阿拉伯数字标注年、月、日，如 2023 年 3 月 15，注为 20230315，作两排书写。文件上若未注明日期，编目时应根据文件内容加以考证后填写。为避免日期项占格过宽，可将年度占一行，月日另占一行。

（6）页数

填写每一件归档文件的页数。计算页数时，以文件中有图文（指与文件内容相关的文字、图画等）的页面为 1 页，空白页不计算。大张的文件或图表折叠后，仍按未折叠前有图文的页面数计算页数。来文与复文、正本与定稿等作为一件时，统计页数应将构成该件的各文件页数相加作为该件的页数。如关于 xx 问题的请示和批复分别为 4 页和 1 页，作为一件时，该件页数应为 5 页。

（7）备注

填写归档文件需要补充说明的情况，包括密级、缺损、修改、补充、移出、销毁等。如果有些文件需说明的情况较多，备注栏填写不下时，可在备注栏中加注号，将具体内容填入备考表中。

在归档文件目录项目填写工作中，由于是实行以"件"为单位装订，因此每盒内的归档文件目录既不装订，又排在盒内所有归档文件前面，往往会出现目录脱离档案盒时不易归位的情况。所以在编目工作中，有的高校在每盒归档文件目录的最后一张目录表下面分别注明：类名、年度、保管期限、盒号、起止件号。这样既有利于离盒目录表及时归位，又便于在翻阅归档文件目录检索某个文件时，知道这个文件处在哪类、哪年、哪个保管期限、哪个档案盒内，尽快地找到文件提供利用。

3. 填写归档文件目录项目的字迹材料

填写归档文件目录项目时，应使用符合档案保护要求的字迹材料，如碳素墨水等，禁止使用圆珠笔、铅笔、纯蓝墨水等不耐久的书写材料进行填写。已采用档案计算机管理的单位，可直接使用档案管理软件生成目录。

4. 归档文件目录的装订与封面的编制

归档文件目录最好是按类或属类结合保管期限分别装订成一本，每本目录可以打印一式三份。一份留存文秘或业务部门备查使用；另两份由学校档案部门保存使用，其中一份作为交接文据存全宗卷，另一份作为查找档案目录使用。

第三节　党政管理类文件的整理方法

按照文件材料归档范围，党群类主要包括学校党委、行政、工会、团委、民主党派等组织的各种会议文件、会议记录；各党政部门的工作计划、总结；上级机关与本校关于人事管理、行政管理、党务管理的文件材料。行政类应归档的文件材料包括学校行政工作的各种会议文件、会议记录及纪要，以及上级机关与学校关于人事管理、行政管理的材料。这两类文件材料主要产生于学校党政管理工作过程，所形成的档案过去被称为文书档案。这里我们将其统称为党政管理类文件材料。在对文件材料的归档整理有了基本的了解后，下面，介绍如何对这类文件材料进行整理。

一、文件整理基本方法

(一) 以事立卷

这是立卷方法改革之一,即由原来的综合立卷方法改为"以事"立卷的方法。所谓"以事立卷",就是以某一件事,这个"事"可以是一个问题、一次会议、一项工程、一起案件、一种活动、一项工作等,或者同性质同类型的几件事为标准,按保管期限各自单独组成归档的保管单位的方法。采用以事归档组卷时不受文件多少和张数的约束,文件多时可组数卷。或者说,档案"以事"立卷就是借鉴"一事一卷"方法的经验,吸取了过去以"问题"立卷的内在联系和分保管期限的优点而确定的一种立卷方法。这种方法将有利于将来学校档案管理向现代化网络化管理转化。

(二) 以事立卷的方法

1. 组卷的基本原则

"以事"立卷方法的基本原则是按文件形成的自然规律立卷,在立卷时按照事件中文件材料形成的先后顺序和内在联系排列组卷。若解决一个具体问题形成的是单份文件,就按单份文件组卷;若在同一事件中出现了价值不同的文件就先按保管期限(永久、长期、短期)分开,然后再按文件形成的先后顺序和件与件之间的联系排列组卷。

2. 以事立卷的案卷类型

用"以事立卷"的方法组成案卷有以下几种类型:

(1) 一事一卷

一事一卷就是把在一件事中形成的材料组成一卷。如学校运动会案卷是由开幕词、闭幕词、秩序册和成绩表等文件材料组成的。这些案卷有的是一个作者、一个名称,有的是几个作者、几个名称,但是他们都是反映或说明一件事情,所以称为一事一卷。

(2) 一事数卷

一事数卷的情况多为会议和工程项目形成的案卷。形成这种案卷主要原因:一是在一件事情中形成的数件文件的保管价值不同,例如,有的会议文件是永久保存的,有的是长期保存的;二是形成的文件数量过多,一卷不能装订,如学校某建设项目的竣工图纸、建设文件等就只能用这种方法进行整理。

(3) 并类组卷

同一件事情有可能通过上级、外单位、本校等不同的形式产生文件资料,这种情况,就可以采取"合并同类项"的方式把属于同类型同性质的数件文件组成一卷。

二、归档整理工作程序、步骤

（一）划分类别

1. 分类方法

前面曾提到分类，那是以学校全部档案为整体，划分不同的管理大类。与前者分类不同，这里介绍的分类是指对已归档文件实体进行二次分类，即按归档文件的来源、时间、内容和形式等方面的不同情况，将文件分成若干层次和类别的体系的过程。这是在文件层运用二级类目设置，把同一年度的归档材料区分类别。

《归档文件整理规则》中确定的三种基本分类方法，即年度法、组织机构（问题）法和保管期限法作为通用的分类方法，是因为这三种分类方法在各种档案整理中使用率最高。由于归档文件的情况复杂，因此，工作中通常是根据实际需要将这几种方法结合起来运用，构成复式分类法。

2. 常用分类法的运用

复式分类法中有两种最通用的分类方法：即年度—机构（问题）—保管期限分类法；保管期限—年度—问题（机构）分类法。

（1）年度—机构（问题）—保管期限分类法

即先将归档文件按年度分类，每个年度下按机构（或问题）分类，在组织机构（或问题）下面再按保管期限分类。这种分类法便于按专题查找和利用档案，可以避免或减少同类问题文件分散的现象。这种分类方法适用于内部机构不复杂的学校。如果内部机构文件不多时，设类不受机构的限制，可将党委、工会、共青团等组织机构形成的归档文件划入党群类；各教学部门形成的文件划入业务类；行政管理各部门形成的文件划入行政类。

（2）保管期限—年度—机构（问题）分类法

这种方法先将归档文件按保管期限分类，每个保管期限下按年度分类，再在年度下面按机构分类。这种方法同样适用于内部机构虽有变化，但不复杂的学校。

3. 分类法的选择及需要注意的问题

（1）二级分类

分类是一项技术性强的工作。需要注意的是，分类时不能仅采取一级分类，对于规模、机构小的学校，至少也要采取二级分类。

上述两种分类中，年度、保管期限都是必选项，机构（问题）是选择项。由于一个院校的档案全宗同时有几种专业档案门类，因此，机构（问题）成为必选项。

（2）文件的归属

按照分类大纲将归档的文件材料用"年度—类别（问题）—保管期限"进行分类，即在年度内，把相同归属的文件材料归在同一类目中。在实际工作中，当学校规模不大，归档文件材料不多时，更多地使用年度—问题—保管期限分类法，即先将归档文件按年度分类，在每个年度下分问题，然后在问题下面再划分保管期限。这种分类方法的优点是可以不受内部机构的限制，同类问题的文件能保持相对集中，尤其便于按专题查找和利用档案。

如果学校的规模较大，内部机构及产生的文件材料较多时，选择年度—组织机构—保管期限分类法，将更有助于文件材料的归档和查询。

在设类目时不必过多考虑内部机构的不同。采用"年度—组织机构"分类法时，将党委办、纪检部门、宣传部门、组织部门、统战部门、工会组织、团组织等群众团体及其他思想政治工作临时机构等形成的文件材料都归入党群类，而学校各行政职能部门、单位所形成的文件材料归入行政类。或者说，凡涉及党务工作、群众团体的问题均归入党群类，与行政管理等相关的文件材料归入行政类。对于规模大的院校，再设置院系（或院系业务）类目，将校内所属的二级学院或院、系、部所形成的教育管理类文件材料归入此类。对于临时性机构，如果它是挂靠的，其文件材料归入相应的职能部门，如果是独立的部门，那么可以根据其行使职能及文件材料的情况另行组织类目。

（二）盖章

即将已归档的文件盖上归档章，以便于识别文件。在归档文件材料整理工作中一般将党委、工会、共青团等机构形成的文件划为"党群类"；教学部门（包括各系部）形成的归档文件划为"教育教学类"或院系类；后勤部门（含财务、安全保卫、行政管理等）形成的归档文件划为"行政类"。

（三）装订

在档案整理的过程中为了固定和保护卷内文件，避免散失和损坏，需要根据不同情况对文件或案卷进行装订。这里的装订是指对不符合档案保护要求的文件材料，如使用铁质订书钉或其他需要重新整理的文件材料进行装订，以利档案的保存，防止文件丢失。

1. 装订准备

在档案装订前，需要做好以下工作：一是要拆除文件材料上原有的容易发生锈蚀的大头针、订书钉等金属性物质；二是对文件材料逐页复查核对，避免漏页、倒置、文字不清晰等现象，对纸张破损或大小不一的文件材料采取必要的补救措施；三是按照文件右边、下方整齐的要求将需要装订的一组文件整理整齐，用铁夹在右边将文件暂时固定。

2. 装订方法

实际工作中往往会采用多种方式装订档案，目前常用的归档文件装订方法有以下几种：

（1）粘贴法

即采用传统的胶水或黏合剂将每页归档文件粘贴起来。凡单件在 5 页之内比较薄的文件材料，宜采用粘贴法。粘贴时沿文件的装订边（左边）刷 1~2 毫米的胶水粘贴固定。

（2）机械法

即使用专门的装订机具在文件材料左边 1 厘米内将文件固定在一起。这是一种通用的装订法，主要用于单份归档文件的装订，对装订 5~10 页厚度的归档文件效果较好。由于通常所使用的订书钉存在生锈的问题，而且过去是采用案卷级归档，单份文件不采用订书机装订。随着不锈钢文件夹、不锈钢订书钉的出现，装订法使用起来方便、省力，且不影响文件的复印、扫描，所以，现在档案装订均已普遍采用此方法。

（3）缝纫法

对厚度在 5 页以上的文件，采用缝纫机沿装订线进行缝纫。使用这种方法装订时要注意先把缝纫针脚调至最大，因为密集的针脚很容易导致将纸张轧断。

（4）线装法

即将归档的档案固定后在左边装订线内用针式装订机打出孔，然后采用"三孔一线"进行固定。这种方法主要用于 10 页以上成卷的，不能采用普通装订机装订的档案。

（5）塑钉法

是采用先在归档文件上打孔，然后穿上塑料螺钉进行紧固。用这种方法时还可以采用三种颜色的螺钉分别标志永久、长期、短期的档案。不过，采用这种方法装订也将相应地增加档案的体积和重量，而且塑料钉也存在老化的问题。

（6）盒装法

主要用于无法进行装订或不宜进行装订的档案材料，如锦旗、印章、证书等，对这类档案采取直接装入档案盒中收藏。

3. 注意事项

第一，以"件"为单位装订时，文件的排列按以下顺序：正文在前定稿在后，或正文在前复印稿在后；针对某一问题的上级批复在前，原文在后。

第二，不论采用何种装订法都要避免在装订时压字的现象。

第三，在装订后要进行检查。

第四，以"三点一线"装订时，线要紧固，以防止在利用者翻阅档案时发生掉页的现象。

（四）归档排列

在同一年度内，将归档文件材料区分类别后按不同的保管期限排列。这里，归档文件的排列是指在最低一级类目内，对归档文件的先后次序进行定位排列，每年都按顺序排，以便于查找。主要方法是：

1. 时间优先

如果是同一事由不同作者，按时间先后顺序排列。不同事由，则以事情办理完结时间先后排。

2. 重要在前

即将主要职能活动或重要的文件排在前面。

3. 属性集中

对有共同属性的文件，例如学校所属各部门报送的工作总结等，可按照部门的顺序排。对相互有联系的文件要尽量放在同一个档案盒内排列。

（五）编写备考表

对归档过程中需要说明的事项填写在备考表中，主要包括：归档文件的完整性、质量情况、材料调整补充情况、档案检查情况，归档人、检查人、时间以及其他需要说明的问题。

（六）编号和标志

档案的分类编号是用汉语拼音字母和阿拉伯数字来指代不同类型档案的自然形成规律和相互间的有机联系的工作。

1. 选择编目方法

编目采取分号制。党政类文件材料，包括党群类、行政类两大类别的文件材料的保管期限分为永久、30年、10年三级，保管期限应为最低一级类目。在编号时，对不同保管期限的归档文件分别编制流水件号。要求按"年度、类别、保管期限"分类编号。

在实际工作中，高等院校在执行《高等学校档案实体分类法与工作规范》的基础上，常用的档号编制模式有：

①全宗号+年度号+分类号+件号；

②全宗号+年度号+分类号+案卷号+件号；

③全宗号+年度号+分类号+保管期限+件号；

高校普遍采用的档号结构、模式为：年度号—分类号—案卷号。

在以上这三种模式中，可以看出，"全宗号+年度号+分类号+保管期限+件号"的档号模式能反映出单份文件的形成时间、所属类别、保管期限等因素。如果采用"年度—组织机构"分类法时，编号为：类别名+部门代号。在编件号时，一般采取先用铅笔编临时号，待计算机将全部文件著录完毕后，再正式把件号用碳素墨水钢笔填上。这样可以减少文件编号的排列差错及方便文件的调整和插入。

2. 编页号

对归档的文件按照其原有的页数注出页数。不过，也有的省级标准规定既要编件号，也要编页号。以卷为保管单位装订后，在有文字的卷内文件页面右下角从1开始顺序编写页号。以件为保管单位装订的归档文件材料，则编写在每份文件的右上角所盖的归档章相应的栏目内。

3. 编盒号

盒号是档案包装入库排列上架的顺序号。编号时按照永久、30年、10年的保管期限顺序排列，也可以采用不同颜色的标签分别标志保管期限，加以区别。

（七）计算机存储

对归档文件分类编号后，将每份归档文件标题等特征信息输入计算机，在输入计算机的同时由计算机自动编排产生"件号"。根据"淡化整理、深化检索"的要求，尽可能按照文件级管理办法进行归档整理工作。将文件题名、文号、责任者、文件形成日期、主题词等档案内容要素充分反映出来，以扩大检索途径，优化检索方式。在输入数据的同时在文件上编写件号。

通过将文件相关的信息输入计算机的过程，也就自然完成了对档案进行计算机管理的基础工作。辅助查询、统计、借阅、编制目录、盒背脊信息的填写等工作。由于目前尚无统一的档案管理软件或标准，除了对文件的处理规范的协调外，还包括应用管理软件的选择，为档案管理创造充分的软硬件条件。要建立内部的档案管理信息系统，在客观上保障文件级档案管理的实施，争取同时实现案卷级与文件级档案信息的综合查询。在坚持《归档文件整理规则》的前提下，可以在应用软件的基础上，保持"文书档案"与其他业务档案的编号体系的一致性，只不过在文件整理规则进行分类编号时，添加保管期限和件号，形成：年度+分类代号（机构代号）+保管期限+件号的文件编号模式。打印归档文件目录、档案封面、盒内目录等。归档文件目录需要打印一式3份，1份放置档案盒内，1份作为检索目录。

（八）装盒

用统一制作的案卷皮把排列好的文件材料装订起来后，填写卷面，包括：全宗号、目录号、分类号、文书处理号、单位名称、主题名、卷内文件形成起止时间、本卷张数、保管期限及卷号等项目。然后，在备考表中注出卷内需要说明的情况、立卷人、检查人、日期等，最后打卷内张页号码。

根据归档的文件选择好适宜的档案盒，将整理完毕不同类别和保管期限的文件按顺序排列好分别装入相应的档案盒内。

（九）填写档案盒

即填写档案盒脊背的相应数据。

例如：2023-XZ11-1-1/12-1，其数字分别表示：

年度——类别——保管期限代号——起止件号——盒号

（十）排架

在年度内，按照"保管期限+类别+序号"的顺序将整理好的档案排列上架。

第四章　高校档案的保管与防护

高校档案的保管与防护工作，是根据高校档案的性能与特点，采取各种有效措施和方法，对档案进行科学保管和保护，防止和减少档案的自然和人为毁损，以维护档案的完整与安全。

第一节　高校档案保管

档案保管就是要维护档案实体的秩序，应在保护措施、制度、方法和具体技术处理各方面，使档案在存放和使用过程中不散不乱，保护档案实体的完整与安全，防止各种人为的或自然的损害，尽量延长档案的"寿命"。

一、档案保管的含义

档案保管，是指对档案不同制成材料的科学存放和安全防护所采取的一系列监管和保护措施。档案保管是档案工作的有机组成部分。它与档案工作的各个环节都有着密切的联系。如果没有档案的收集和提供利用，就不会有档案的保管工作，而做好了档案的保管工作，也就为档案各业务环节工作的顺利开展提供了条件。档案保管工作，不是为了保管而保管，高校档案保管的终极目的，是为了学校和社会的利用。档案的保管与利用更是紧密相连的，科学有序的保管是高效利用档案材料的前提和保证。长久地维护档案的完整与安全，就能够更好地解决档案的易损性与学校、社会要求长远保管并利用档案之间的矛盾。档案保管工作具体包括四个方面的内容：

（一）对档案库房及库房内的环境和设施进行管理

例如，库房要按照国家档案馆（室）建筑标准建造，配置空调机、除湿机、加湿机、吸尘器、防火、防盗系统等基本档案保护设备。

（二）对库房内档案科学管理的日常工作

控制好库房的温湿度、定期打扫库房，保持清洁整齐。下班前检查门、窗，切断电源、水源，保证安全。

（三）档案流动过程中在各个管理环节中的一般安全防护

严格履行查（借）阅制度，档案被利用时，应履行严格的登记与交接手续。如档案的出库、入库登记，使用者复印、借出登记。借出的档案归还后，应及时放入档案柜。对利用行为进行现场监督与检查，可配备闭路电视监控系统，如发现污损、涂改、遗失及其他异常情况，应立即采取措施，将能损坏档案的现象消灭在萌芽状态。

（四）对破损的档案实行修补和复制，以延长档案的寿命

为了提高纸质档案的耐久性，要进行去酸、去污、修裱破损纸张档案、恢复与显示档案文件的字迹等工作。

二、档案保管的原则与意义

档案保管工作是档案工作中的一项极其重要的工作，它直接关系到档案的寿命。保管工作没做好，档案遭到损坏，就会造成无法挽回的损失。大量档案需要长期保存，一部分档案还要永久保存，但反映和记录档案内容的物质材料的寿命是有限的，这二者之间的矛盾只有通过做好档案保管工作才能加以解决。

（一）档案保管的原则

档案保管的基本原则是：按全宗和专业类项进行保管，以防为主、防治结合，以便于利用为保管的最终目的，保护重点、兼顾一般。

1. 按全宗和专业类项进行保管

高校综合性档案馆（室）都应按全宗管理档案。一个全宗或专业内的档案有着内在的历史联系，是一个有机的整体，在保管过程中不能将它们拆散，也不能将它们与其他全宗的档案混杂在一起。总之，要保持档案文件的有机联系，做到档案存放条理化、排列系统化、保管科学化，便于档案的调阅利用与档案的保护管理。

2. 以防为主，防治结合

防是关键，防是积极主动的治本方法。掌握档案损坏的原因和规律，采取有效的措施和方法，最大限度地消除可能导致档案损毁的各种自然的或人为的因素，把档案的自然损毁率降到最低限度。改善保管条件，去除档案本身不利于耐久性的因素，释解档案的老化趋势，采取诸如修裱和复制等专门技术处理，尽可能延长档案的寿命。

3. 以便于利用为保管的最终目的

保管档案的最终目的是服务于学校和社会。档案馆（室）的工作，可概括为"管好"档案和"用好"档案。"管好"档案是为了"用好"档案。只片面强调保管，而不考虑保管档案的意义。如果只顾眼前的利用方便，而不顾档案的保护，也会对档案造成损害，甚至影响档案的长远利用。因此，在保管好档案的同时要考虑有利于利用，利用档案的同时也要顾及保管，只有这样才能更好地为利用者服务。

4. 保护重点，兼顾一般

档案有珍贵、重要与一般之别，有永久保管、长期保管和短期保管之分，保管中要给以不同对待。对于需要长久保存的珍贵、重要档案，应采取重点保护措施，在库房条件、保护装具上都要从优考虑，在利用方面也要从严控制。对于一般性的档案，也要适当兼顾，保证基本的保管条件。

（二）档案保管的意义

档案保管工作，是采用一定的技术装备、措施和方法，对档案实行科学保管和保护，防止和减少档案的自然或人为毁损的工作。档案保管工作在整个档案工作中处于特殊地位，具有十分重要的意义。

1. 档案保管工作是有效延长档案寿命，维护档案真实面貌和安全的根本保证

只有加强档案保管工作，通过防光防虫、降温除湿、修补除污等科学的措施和方法，有效减少和防止档案的损毁，才能最大限度地延长档案寿命，保证档案的完整。与此同时采取一系列防盗保密措施，保护档案的安全。

2. 档案保管工作是档案业务工作的关键环节，对整个档案工作具有重大影响

档案保管工作在高校档案业务工作中占有十分重要的地位，是基础工作的关键环节。如果保管工作不规范或稍有疏漏，造成档案毁损、丢失、失窃甚至毁于水、火等灾害，那么收集、整理等基础工作就可能前功尽弃，更谈不上提供利用，也一定会影响学校教学、科研和管理工作的正常进行。就高校档案管理而言，在现代信息技术、网络技术迅速发展的情况下，在当前的档案保管工作中，值得特别注意的是要尽量防止两种容易造成档案被损坏的倾向：一是只偏重纸质档案的保管设施建设和防护措施，而忽视光盘、磁盘、影像等特殊载体档案的保管设施和防护措施；二是认为电子文件将逐渐取代纸质文件，因而忽视纸质档案的保管设施建设和防护措施。只有既重视纸质档案的保管又重视各种特殊载体档案的保管工作，双管齐下，才能保证高校档案的完整与安全，便于当前和长远利用。

三、档案保管制度

档案是党和国家的宝贵财富，同时又是全校教职员工在各项工作活动中形成的历史记录和劳动成果。高校档案馆（室）为了做好档案保管工作，防止档案的损毁，延长档案的寿命，维护档案的完整与安全，并及时准确地为利用者提供服务，必须制定基本的档案保管制度：

第一，档案工作人员要视档案为生命，严格遵守档案法规和各项规章制度，认真做好档案保管工作。

第二，建立与健全档案入库与移出的登记制度，并做好档案的收进与移出的日常登记、统计工作。严格办理档案入库或移出登记手续，归还的档案要及时返还原处。

第三，各类档案入库时，应认真进行清点核对，做到账、物相符。

第四，库房内备有空调机、除湿机、吸尘器、温湿度计，每天记录并及时采取应对措施，使库房内温湿度达到标准。库房标准温度为14℃，标准相对湿度为45%～60%。

第五，库房内各种电器闸门要牢固，下班时要关闭电闸。库房周围要灭绝火源，库房内不得堆放任何与档案无关的物品。库房内严禁吸烟和存放易燃、易爆物品。

第六，认真落实防火、防水、防潮、防霉、防虫、防光、防尘、防鼠、防有害气体、防盗等措施。

第七，要定期检查档案保管情况，对破损或字迹褪色的档案要及时修补、复制或进行其他技术处理。

第八，档案管理人员要严守国家机密，不得泄密、失密，未经主管领导批准不得提供或私自利用机密档案资料。

第九，根据档案保管期限规定，对超过保管期限的档案材料，经档案鉴定小组鉴定并经领导批准后方可销毁。禁止任何人擅自销毁档案。

第十，档案人员调动或退休时，必须办理严格的档案移交交接手续。

第十一，档案部门应对档案的安全定期进行检查，并附录在案。

检查内容包括：档案数量是否相符，档案有无损毁、褪变，收进、移出、存取登记是否准确，各项制度的执行情况，以及应采取的措施并写出详细书面材料，及时向校长和主管领导报告。

四、档案馆库建筑

《高等学校档案管理办法》规定："高等学校应当为档案机构提供专用的、符合档案管理要求的档案库房，对不适应档案事业发展需要或者不符合档案保管要求的馆库，按照要求及时进行改扩建或者新建。"可见，高校档案馆（室）馆库建筑应从高校的实际情况出发，因地制宜，合理确定建设规模和水平，做到功能齐全，设施完善，经济实用，能够满足高校档案馆（室）档案收集、整理、保管、利用等工作发展的需要。

五、档案的创新

学校档案管理法治化、档案资源构成多元化、档案内容信息化、服务利用社会化是学校档案事业发展和进步的必然结果。抓紧抓好学校档案建设，努力促进学校档案事业发展，是更加重视学校文化底蕴的一部分。学校应以档案评估为契机，在整改、巩固、提高的基础上，实现学校档案发展的目标。将来，随着学校档案管理和服务的不断完善，每个学校都要努力构建管理体制优、基础设施好、信息化程度高、服务功能全，与经济社会发展相适应的现代化档案事业体系。

对高校来说，《高等学校档案管理办法》是学校档案工作的重要法规依据。由于《高等学校档案管理办法》是从全国宏观上的管理，而每所院校的情况各不相同，各个学校的情况也千差万别，各校档案工作的发展既不平衡又各具特色。所以，各学校要从管理制度入手，根据国家和教育主管部门或其他行业主管部门的法规，结合学校教育教学等各项工作的实际需要，抓紧建立和健全本校档案管理的规章制度，以此理顺工作关系，规范办事程序。创新、制定一些具体的操作性强的规范，从学校档案管理的总体目标和任务出发，对学校档案部门与其他部门及其工作人员的协作关系、工作程序做出明确规定，使工作中有所依照，协调运转。

关键是树立全体师生员工的档案意识，取得教职工们的积极支持，还要各相关部门的积极配合。例如，在项目组立卷方面，除了需要落实项目负责人的责任，还必须有具体的措施，在项目结题或鉴定验收时，以保证项目资料的齐全完整归档作为支撑。

学校档案已呈多元化，服务及观念已从封闭、半封闭向开放发展，而目前学校档案工作还普遍存在着经费不足、发展不平衡、在管理和利用上较封闭、对外开放利用档案的能力低等问题。对于高校来说，档案馆与图书馆一样重要。而过去的情况往往是几乎人人知晓图书馆进过图书馆，却有很多人不知道档案馆或没有进过档案馆。因此，高校要创建服务型、学习型、研究型档案馆还有大量的工作要做，加大对外开放利用档案的能力，特别对高校档案部门来说，具有重要的意义和紧迫感。

第二节　高校档案库房管理与防护技术

一、库房管理

防止和减缓档案损坏的三个重要因素是，配备必要的档案设备和做好档案库房管理。档案库房管理主要有档案分库设置、档案装具排放、档案排列次序和方法、档案柜架贴插标签、编制档案存放位置索引、库房卫生、档案安全检查等。

（一）档案分库设置

档案如何分库存放，是库房管理的重要一环。档案分库设计，既要考虑所有库房的总体容量和档案的递增速度，又要考虑各库房的面积、容量程度、库房条件的优劣、档案的利用率、档案的重要程度等。分库设置的一般原则是：

第一，利用率高的档案，存放在距离利用者阅览室较近的库房，不常用的档案可适当远些。

第二，珍贵、重要的档案存放在条件较好的库房，一般的或待整理的档案存放在保管条件差些的库房。

第三，同一全宗的档案应尽量归存一库，避免不同全宗的档案混杂存放。

第四，不同载体的档案要尽量分库存放，音像、照片、影碟、电子档案和缩微胶片应用单独库房存放。

（二）档案装具排放

档案装具在库房内的排放，应该本着便于档案的提调、运送、采光和有利于空气流通、整齐美的要求。库房门应对着库内的主通道，主通道的净宽不少于1.5米。固定式的装具，相邻两排之间的净宽应不少于0.8米。为便于通风和防潮，装具不能紧贴墙壁，与墙壁的距离应不少于0.1米，装具与墙壁之间的通道不少于0.6米。有窗户的库房，装具的排放应与窗户垂直，有利于通风和避免室外光线直射档案。各排装具靠主通道的一端，应有整齐统一的侧板，便于贴插标签。

（三）档案排列次序和方法

档案在库内的排放次序，涉及档案编排次序，同一全宗内各类档案之间的排放次序，以及同一类项档案在柜架上的排放次序，装具在库内的编排次序，应根据库房内开关装具的排放方式而定。无论是固定式柜架还是活动式柜架，其编排顺序一般是：人站在库内主通道上，面对各排柜架，左起第一排为首排，右起第一排为末排。在一个库内如果同时存放多个全宗档案，全宗之间不得混淆排放。同一个全宗的档案，排放时要尽量保持相互之间的联系。档案在柜架内的排放次序，应从左至右，先上后下。对于一个架来说，起始卷号在架的左上角，终止卷号在架的右下角。一个排面的案排放满后，转到背面的柜架，仍然按前一排面的次序排放。在每个全宗的一级或二级类目案卷的排序，都应保留一定数量的空位，以备日后档案增加。

（四）档案柜架贴插标签

档案柜架贴插标签，是库房管理中的一项必要的工作。其作用在于：使库房管理人员明确档案存放位置，便于提取和送还档案。具体做法是，在每排柜架靠近主通道的一端，在高度适当的位置统一贴插规范的标签，写明该排柜架所存放档案的全宗名称、类项名称、案卷起止号等三项内容。每一柜架内的各个隔层，也要标明档案类项名称和案卷起止号，以便提取、送还和查找档案。

（五）编制档案存放位置索引

为了便于档案保管人员全面掌握档案存放情况，迅速提取和送还档案，档案分库排好之后，应该编制《档案存放位置索引》，其作用是：第一，指明档案存放位置，以全宗及其档案类项为单位，标明存放处所；第二，指明各档案库房保存档案情况，以档案库房和档案架（柜）为单位，标明所存放的是何种档案。

上述两种索引，按形式又可分为书本式和卡片式两种。第二种可采用图表形式，把每个库房（楼、层、房间）内档案的存放情况绘成示意图，挂于醒目位置，以便随时查看。这两种索引项目的详略程度，可根据档案馆（室）档案存放的具体情况而定。

（六）库房卫生

库房卫生是档案库房管理中的一项日常性工作，也是档案保护技术诸多内容中的一项重要内容，它关系到根除档案的生虫、霉变、污染、磨损等问题。库房卫生的要求是：地板、门窗、墙壁、灯具及天花板应保持光洁明亮；档案柜架各部位以及存放的档案和包装材料应清洁无尘；档案排列放置整齐，其他器材物品放置有序，与库房管理无关的器材、杂物一律不得存放在库房内。

为保证档案库房卫生清洁，主要应采取以下一些措施：新建或改建库房时，地板应为水磨石；在条件允许的情况下，将墙壁四周和天花板粘贴墙布或涂刷涂料；窗户要严实（最好少设或不设窗户）；对新增添的装具，接收或征集来的档案、出库利用较久的档案，入库前必须进行除尘和消毒。在档案入库前进行消毒、除尘、杀虫，是预防虫害、霉菌污染档案的有效防范措施。对于接收进库的档案要逐卷逐页检查，有灰尘的要用软布或柔软的刷子轻轻地逐页擦（刷）页面，以减少微生物和虫害的产生。消毒杀虫可以采用消毒柜消毒或用物理冷冻方法，档案在消毒杀虫后方能入库上架，以便杜绝虫害和霉菌对档案载体的侵袭。这样，在保护了档案安全的同时，也降低了档案管理成本；管理人员入库必须穿工作服、换清洁鞋，非库房工作人员一般禁止入库，经常清扫库房，保持库房清洁卫生。

（七）档案安全检查

定期或不定期对档案进行安全检查，是档案库房管理中的一项重要工作，也是维护档案安全和完整的一项重要措施。

1. 检查的内容

第一，从机密安全方面检查，档案实体有无被盗、丢失档案长期未收回，甚至下落不明的情况；档案信息在保管和提供利用，有无失密、泄密现象；档案安全设施，如报警器、灭火器、防盗门窗、电源电线等有无破损情况。通过检查，发现问题要及时采取有效措施，确保档案的安全。第二，从保护技术方面检查，档案实体有无发黄变脆、字迹褪色、虫霉感染、潮湿黏连等自然毁损现象，发现问题，要采取相应的措施进行防治。

2. 检查的方法、方式

无论定期或不定期检查，一般可以采用档案馆进行自查或由学校档案部门、安全保卫部门、保密部门共同组成检查组进行检查的方式。检查档案有无被盗、丢失、毁损时，要逐个全宗、逐类、逐卷与档案目录进行核对，并逐页查阅利用登记簿；检查安全设备时，要逐件、逐项对其性能进行测试。

二、防护技术

档案是在人类社会实践活动中直接形成的历史记录，它具有原始性、真实性。档案的性质赋予档案重要的凭证与参考价值，使档案成了党和国家的宝贵历史财富。同时，档案是一种物质，物质总是不断运动变化的，它会逐渐老化乃至消失。因此，档案的寿命是有限的。档案寿命的长短与档案保管环境及保护技术有着极为密切的关系。凡是档案的保管条件好、贮藏环境符合标准的，就可以延缓档案老化变质的过程，延长档案的寿命；如果档案保管条件差，周围环境受到严重污染的，则会加快档案老化变质的步伐。促使档案发生质变的因素包括内因和外因，内因是档案制成的材料，外因主要有档案库房的卫生状况及不适宜的温度、湿度、光线、机械磨损、水、火等。因保管环境差，致使档案受到霉菌、害虫、灰尘、油烟的侵害与污染，必然会影响档案的耐久性。为了维护档案的完整与安全，最大限度地延长档案的寿命，确保档案的长远利用，高校档案部门必须做好档案的各项防护工作。正因如此，高校档案库房应有防盗、防火、防潮、防尘、防虫、防鼠、防高温、防强光等设施，为档案的防护工作提供有利的条件。

（一）档案的防光

光对档案的危害从方式上看，有直接的也有间接的；从本质上看，有物理的，也有化学的。因此，档案的防光是减缓档案字迹色泽褪变速度、延长档案寿命的一项保护措施。

1. 光的种类

光分自然光和人工光两种。

（1）自然光

它主要是指太阳光。太阳的辐射光谱中，波长为380~760纳米的射线人眼可看见，称为可见光。即通常的红、橙、黄、绿、青、蓝、紫七种颜色的光。另一种是人眼看不见的光，在红色光外边波长长于760纳米的射线称为红外线；在紫色光外边波长短于380纳米的射线称为紫外线，这两种光称为不可见光。

（2）人工光

它是指照明灯光。档案库房、档案工作室、档案阅览室的照明灯光以及档案缩微复制时的光源、复印机的曝光灯等灯光都是人工光源，其中白炽灯含紫外线最少。档案库房宜选用白炽灯做人工照明光源，照度不超过100勒克斯。如采用荧光灯时，应对紫外线进行过滤；档案库房不宜采用自然光源，有外窗时应有窗帘、窗板等遮阳措施；档案在任何情况下均应避免阳光直射。

2. 光对档案的危害

无论哪种光，对档案都有一定的破坏作用，其中太阳光中的紫外线对档案的危害最大。光对档案的危害主要表现在如下方面：

（1）光辐射热

光向外辐射时会产生热效应，这种辐射热会影响档案制成材料的耐久性。档案纸张在空气中受到辐射时，就会褪色，温度高于摄氏30度时就会发黄。同时，耐热性差的字迹也因辐射热会发生褪色、扩散等现象。

（2）光氧化反应

档案纸张中的纤维素发生光氧化反应时，会产生氧化降解，变为易碎的氧化纤维素，对纸张的强度和耐久性产生影响。

（3）光能的破坏作用

光是具有一定能量的，光的波长越短，能量越大，紫外线波长短，能量大，破坏性也大。档案纸张中的纤维素吸收光会促使纸张纤维素长链的断裂，影响档案纸张的耐久性；有机染料的墨水、复写纸、圆珠笔等，其色素的发色团能吸收光的能量，激发某种化合物或产生荧光，使字迹褪色。由于太阳光对档案纸张和字迹的破坏作用很大，因此，档案受潮或受水浸湿后，不能放在太阳下曝晒，应放在通风处晾干，或用除湿机逐渐将纸张水分除去。防光措施主要有以下几种：

①合理确定库房照明度数标准

档案库房的工作内容主要是保管、检索与提供档案利用。库内照明度数标准应从能否识别档案字迹和是否有利于档案保护的角度出发，既能满足档案管理和调卷的需要，又能保护工作人员的视力，还要最大限度减少光对制成材料的危害。库房内照明度以 30~50 勒克斯为宜，阅览室以 70~100 勒克斯为宜。

②限制光的照度值

受日光直接照射表面的照度值是相当大的，对日光照度的限制主要应从建筑上考虑，建无窗库房就能从根本上解决档案保护中的防日光照射问题。同时，在档案利用中，应适当限制人工光源对档案的照射。

③滤紫外线

在相同照度下，不同光源对档案的损伤是不一样的，这主要与光源中紫外线含量的多少有关。因此，应采取一定的过滤措施，重点防护窗户和荧光灯灯具。可以在窗户玻璃或荧光灯灯管壁上涂上紫外线吸收剂；采用红、绿等深色玻璃代替普通玻璃；库房内选用白炽灯以减少紫外线，或者给普通灯泡、灯管加白色灯罩或防热过滤器以减少热量。

④减少档案利用过程中光的辐射强度与光照时间

保管档案的目的是为了利用，在利用档案的过程中应尽量避免在强光下长时间阅读档案文件。在复印中曝光的照度相当大，多次复印对档案文件的损伤很大。因此，应尽量减少利用原件复印的次数，可用复印件代替原件进行复印；在举办展览时，对较贵重的档案用复印件代替原件，必须使用原件时，要采取限光和滤光措施。

⑤避光保存

档案在保管期间除了提供利用和加工整理外，应尽量做到避光保存。档案库房采用的档案柜、箱、盒、袋等多层密闭保护方法，在一定程度上能起到避光作用。此外，库房内采用暗色遮光窗帘，当库内不需要光时，将其拉上。

（二）防空气污染物

环境空气的污染对档案会产生不良影响。虽然它对档案制成材料的破坏作用在一般情况下是较缓慢的，也不易被人们察觉，但它时时刻刻影响着档案的耐久性。因此，防治空气污染物对档案的危害，是延长档案寿命的又一项重要措施。

1. 空气污染物的种类

空气污染物是指由于人类活动过程引起的、通常以气态形式进入近地面或低层大气环境的外来物质。它呈现出足够的浓度，达到足够的时间，并因此既危害了人体健康，也危害档案的寿命。空气污染物主要来源于人类的生活和生产活动及自然过程。例如：发电厂排放的烟尘废气、汽车排放的尾气等人类活动造成的空气污染；火山、地震、海啸、沙尘暴等自然过程造成的空气污染。空气污染按其状态可分为气溶胶态污染物和有害气态污染物两大类。气溶胶态污染物，是指沉降速度可以忽略的固体粒子、液体粒子，主要有粉尘、烟、雾等。气态污染物，是指以二氧化硫为主的含硫化合物、一氧化氮和二氧化氮为主的含氮化合物、碳氢化合物及卤素化合物。

2. 空气污染物对档案的危害与防治

（1）空气中的灰尘

灰尘是一种固体杂质，形状是不规则的，多是带有棱角的颗粒灰尘落在档案上，对档案的损害是毋庸置疑的。首先，灰尘对档案的物理性的损害，如在整理、保存、利用过程中，会引起灰尘颗粒与档案制成材料之间的摩擦，使纸张起毛，影响字迹的清晰度。其次，灰尘中夹带的黏土在库房潮湿时，易与档案粘在一起，甚至形成档案砖。再次，灰尘因吸附一些酸性、碱性的化学杂质，也会使档案受到腐蚀。最后，灰尘是霉菌孢子的载体，也会影响档案的保存。

（2）空气中的有害气体

空气中的有害气体如二氧化硫、二氧化氮、氯气易溶解于水和通过氧化作用生成酸，增加纸张的酸度，导致纤维素水解，对档案制成材料产生破坏。

（3）防治空气污染的措施

净化空气是减少空气中有害微生物数量的重要措施。在档案库房周围建成一条环形绿化带，促使浮尘下降，微生物被过滤；保持库内清洁卫生，使库内含菌量降低；过滤空气，对库房进出口、通风口等主要通道需要采用净化过滤措施，以净化入库空气。如在库房门口安装风帘、使用空气过滤器。

（三）防微生物

1. 微生物的特点

危害档案的微生物主要是细菌和霉。危害档案耐久性的微生物主要是霉菌。霉菌是"丝状真菌"的统称，凡是在基质表面上长成绒毛状、棉絮状或蜘蛛网状菌丝体的真菌，称为霉菌。由于霉菌形成的孢子有不同的颜色，会污染档案，所以霉变的档案总有各种色斑遮盖字迹。另霉菌在代谢过程中也能吸收空气中的水分，从而增加了档案湿度甚至有时还出现水滴，水滴与材料的胶类物作用使档案产生黏连。有的霉菌能分泌出黏液，使档案纸张或胶片之间发生黏结，纸质档案砖的形成与霉菌有很大的关系。

2. 霉菌生长的环境

在自然界中：微生物与它所处的环境条件是统一体。周围环境的变化影响着微生物的生命活动。当外界环境条件适宜时，微生物生长旺盛，代谢作用加速；当外界环境条件不太适合时，微生物的生长缓慢，代谢也受到一定的限制，微生物的生命活动受到严重的影响，可能发生变异乃至死亡。霉菌的生长受到库房内温度和湿度的直接影响。

（1）温度

温度是影响微生物机体的最重要的因素之一。微生物最适合生长的温度是随着微生物的种类而变化的，有高温型、中温型、低温型三种。霉菌属于中温型微生物，它最适宜的生长温度为25℃，最低生长温度为20℃，最高生长温度为45℃，温度过高或过低都将对霉菌的生长不利。

（2）湿度

水分是微生物生命活动的基本物质之一，通常微生物对水分的需求量是很大的，而且不同的微生物对水分的需求也是不同的。同一种微生物在不同的生长阶段，对水分的需求也是有差异的。霉菌是属于中湿性的微生物，它完成生命活动最适宜的湿度是80%~90%。环境干燥缺水时，能引起微生物细胞内的蛋白质变性及盐类的浓度升高，这是抑制微生物生长或促进其死亡的原因。霉菌的孢子在干燥的环境下就不能萌发成霉菌，但是其抗干燥力很强，在干燥的环境里可保存几十年的生命活力，遇到适宜的湿度，孢子又会萌发并快速生长繁殖。

（3）酸碱度（pH值）

微生物需要在一定酸碱度的环境中才能正常地进行生长繁殖。环境酸碱变化，对微生物细胞膜渗透性酶的活性原生质胶体的结构和性质的影响都比较大。

3. 微生物对档案的危害

第一，破坏档案制成材料的结构，具有不可逆性，当达到一定的程度，档案就难以修复。

第二，形成霉斑，影响档案的可读性和复制利用。

第三，使档案纸张的酸度增加，加速档案的水解反应。

第四，湿度增大时，档案制成材料的含水量提高，使档案黏结。

第五，分泌出毒素，污染环境，对人体健康造成危害。

4. 防治微生物的措施

"以防为主，防治结合"，是保管和防护档案的重要原则之一。防治微生物对档案的危害，主要应做好以下工作。

（1）控制传染源

档案入库前要严格进行消毒处理，以免微生物传入档案库，并在档案库房内运用空气净化过滤器，使微生物失去生存的条件。

（2）控制温湿度

档案库房是一个半封闭式的特殊生态环境，控制湿度比控制温度更为重要。若将库内相对湿度控制在60%，就能抑制绝大多数霉菌的生长。

（3）坚持定期检查，使用安全有效的灭菌剂

对曾经生霉的档案和易生霉的档案，要经常进行检查，发现问题，及时使用防霉剂，防止霉菌大量生长。当发现档案受到霉菌感染时，应采用各种方法杀灭霉菌。采用灭菌方法的前提是对纸张、字迹、胶片等物质材料不能有任何损伤，对人体无害，对环境污染小。例如，可使用冰冻真空干燥灭菌法、微波灭菌法和化学熏蒸灭菌法等。

（四）防害虫

档案库房一旦出现害虫，将危及档案的安全。害虫蛀蚀档案，使之留下孔洞或变成碎片。危害档案的害虫种类很多，在我国常见的有：档案窃蠹、烟草甲、毛衣鱼、书虱、黑皮等。掌握和运用各种有效的技术方法灭杀档案害虫，是档案管理人员的重要工作之一。

1. 预防档案害虫的措施

档案害虫一般都具有喜湿、喜温、喜阴暗等习性，并喜欢在孔、洞、缝内栖息活动。破坏这些生态环境，就会有效地防止害虫的生长繁殖。

第一，搞好库房温湿度管理，抑制档案害虫的生长、发育和繁殖。档案害虫属于变温动物，体温随外界温度的改变而改变。可把档案库房的常年温、湿度控制在一定范围内。

第二，搞好档案及库房的卫生防御工作，对档案进行定期的防御检查，防止档案受害虫感染。

第三，在档案库房及箱柜内放置适宜的驱虫剂，对防止害虫的感染具有一定的作用。目前比较好的驱虫剂是樟脑精块。

2. 档案害虫的根治

档案害虫除治有化学除治和物理除治。化学除治是使杀虫药剂直接除治害虫，其优点是杀虫效果明显，缺点是会造成环境污染，危害人体健康。物理除治是指利用自然或人为的物理方法来达到灭杀害虫的目的，其优点是方法简便、无毒、无污染，缺点是杀虫效果

不及化学除治明显。通常使用的除治害虫的方法有如下四种。

（1）震落害虫法

当发现档案中有少量害虫，即档案中害虫的数量不多，可采用震落法。即把档案竖直，用手轻轻拍动，使害虫掉下，进行人为消灭。

（2）化学熏蒸剂杀灭害虫法

常用的化学熏蒸杀虫剂有磷化铝和溴甲烷等。磷化铝是一种常用的熏蒸杀虫剂，有片剂、粉剂两种。片剂每片重 3 克，主要成分为磷化铝和氨基甲酸醇，磷化铝能吸收空气中的水汽而分解产生磷化氢气体。磷化氢是一种无色、略有葱蒜气味的剧毒气体。它对昆虫的毒性非常强，主要对虫体起麻醉作用和抑制呼吸作用，使之瘫痪，以至死亡。对成虫、幼虫都能达到100%的杀虫效果。磷化铝的用药量，片剂每立方米 6~9 克，施药后密封时间不少于 3~5 天。粉剂每立方米 4~6 克，密封不少于 3~5 天。用磷化铝熏蒸杀虫，低浓度长时间的效果优于高浓度短时间的效果。这是因为在低浓度下，害虫的呼吸只受到较弱的抑制，氧气还能大量吸入体内，加速了磷化氢气体对细胞和线粒体的穿透，抑制害虫的呼吸而导致死亡。溴甲烷是一种较好的熏蒸杀虫剂，溴甲烷侵入虫体后，因水解而产生麻醉性毒物甲醇、氢溴酸、甲醛等。溴化氢能溶于水，生成氢溴酸，因其分子量较大，只停留在害虫的细胞间隙，这是溴甲烷积累中毒的特征。甲醇有脱水作用，是伤害细胞原生质的毒剂，甲醛能与原生质的氨结合，有抑制过氧化氢酶及脱氢酶的作用。经试验，溴甲烷对档案纸张、字迹以及金属、木材等物品都没有不良影响。

（3）低温杀虫法

低温冷冻杀虫法是根据害虫的生活习性，将害虫置于致死低温或亚致死低温的条件下达到杀死害虫的目的。害虫处于致死低温时，虫体发生一系列的生理变化，如新陈代谢停止，细胞内游离水和营养物质结冰，使细胞膜发生机械性破裂，细胞原生质脱水，促使原生质凝固，酶的活性受到抑制而引起中毒等。3℃是害虫的亚致死低温区，在该温区内需要较长的时间才能使害虫死亡；5℃是害虫的致死低温区，在该温区内害虫只需较短的时间就会死亡。

（4）缺氧杀虫法

空气是昆虫的重要生态因子，如果将空气中各种气体的正常比例加以调整，使氧减少，让氮气或二氧化碳增加，昆虫便会窒息而死。这种杀虫方法就叫缺氧杀虫或称气调杀虫。目前，有下面两种试验中的缺氧杀虫方法适用于档案界：第一，除氧剂杀虫，除氧剂是由铁粉等材料复合而成，它只与空气中的氧气起反应，能在一两天内使密封容器中氧的浓度从正常的21%降到0.1%以下，实现除氧封存，从而有效地杀死容器中的害虫；第二，充氮杀虫，这是在密闭的容器内除氧充氮，使氧气含量降到1%以下，使害虫窒息而死的方法。

（五）防火档案

防火档案的制成材料是易燃物品，一旦档案库房发生火灾，其损失是无法估计和弥补的。

1. 档案库房的防火措施

（1）坚持以防为主，杜绝火灾发生

健全管理制度，实行防火责任制，经常进行消防安全检查，及时排除安全隐患。

（2）库房建筑符合规范，严禁堆放易燃物品

保持消防通道、安全门的畅通。

（3）配备灭火器，安装防火自动报警系统和自动灭火系统。

2. 火灾后档案的抢救

火灾发生以后，消防队往往会使用高压水龙头灭火，档案资料难免被水打湿。抢救被水浸湿的档案资料的方法是：室外干燥时打开门窗，分散晾干；室外潮湿时，开动除湿机，散发水分。当档案纸张七八成干时恢复了一定强度，可使用清洁的、干燥的吸水纸夹入档案中，进一步吸干纸张中的水分。抢救后的档案必须进行消毒处理。

（六）防盗

档案一旦失窃，不但档案受损失，甚至机密泄露，将会给国家造成重大危害。因此，做好档案的防盗工作比防止档案的自然损毁更为重要。高校档案馆（室）需要采取一些行之有效的防盗措施。

第一，库房安装防盗门、防盗窗。

第二，增强库房管理人员的防盗意识，对非库房管理人员，未经批准，不得随便进入库房，经批准进入库房要严格进行登记。

第三，珍贵的绝密档案应放入保险柜，放在专门库房保存。

三、档案的管理

学校各部门负责档案工作的人员应当按照归档要求，组织本部门的教学、科研和管理人员及时整理档案和立卷。立卷人应当按照纸质文件材料和电子文件材料的自然形成规律，对文件材料系统整理组卷，编制页号或者件号，制作卷内目录，交本部门负责档案工作的人员检查合格后向高校档案机构移交。可单归档文件材料的整理，就是指学校各部门按照归档要求将本部门应当归档的文件材料进行系统的整理组卷。归档文件材料整理工作的内容，按工作程序具体分为：分类、划分保管期限、组卷、卷内文件排列与编号、填写

卷内文件目录、案卷封面编目、文件级或案卷级装订、案卷排列与编号、案卷目录的编制等。从归档文件材料整理的概念中，可以得到几点启示。第一，归档文件材料的整理，仅仅是高校档案整理的前期阶段，并非高校档案整理的全部，因为，档案馆（室）接收文秘和业务部门移交归档的案卷，即使符合质量要求，也还需要对其进行分类、排列、编目、上架等一系列的整理工作。随着时间的推移，档案馆（室）还要对接收的档案进行局部的加工调整，以及对通过其他渠道收集或征集的零散档案材料进行系统整理。第二，归档文件材料的整理，主要是高校各部门兼职档案人员和业务人员的基本职责。档案馆档案工作人员，只对学校各部门归档文件材料的整理工作负有指导和监督的职责。因为，从 20 世纪 80 年代末或 90 年代初以来，在我国高等学校比较普遍地推行了文秘部门和业务部门立卷归档制度；而且也只有学校各部门的教学、科研和管理人员，最熟悉文件材料形成的来龙去脉，由高校各部门兼职档案人员组织他们进行归档文件材料的整理立卷工作，才能确保案卷的质量符合归档要求。第三，归档文件材料的整理，是指高校各部门各类归档文件材料的整理。高校各部门应归档的文件材料门类繁多，从载体形式上分有纸质、电子、照（胶）片、录像（录音）带；从档案传统观念上分有文书档案方面的文件材料，属于科技档案的科技文件材料和属于专门档案的专门或专业文件材料。

高校档案馆（室）应对接收和收集并需要进一步条理化的档案，进行局部加工或系统整理。档案馆（室）档案整理工作内容，具体包括三个方面：一是对学校各部门移交归档的、已经整理好的案卷。如果这些案卷的质量符合归档要求，档案馆（室）的整理工作，主要是对案卷进行分类、排列、编号、上架、编目、输机，使其系统化、规范化。二是对学校各部门移交归档的经过初步整理的案卷，如果这些案卷的质量不完全符合归档要求，例如，归档文件不齐、分类不准、年度混淆、保管期限划分不准确等，档案馆（室）的整理工作，就是对部分案卷进行局部的加工调整，有的甚至要重新进行拆卷、排列、编号，使其达到标准化和规范化的要求。三是对档案馆（室）接收的撤销单位未经规范整理的档案、收集或征集的积存零散档案材料，必须进行全过程的系统整理工作。概括起来说，档案馆（室）档案整理的内容按工作程序分为：区分全宗、分类、组卷、排列、编目、输机、建立全宗卷等。

第三节　高校档案的修复

一、档案修复的基本原则

档案修复是对破损档案进行处理，去除不利于档案制成材料的耐久性因素，提高档案制成材料的强度，恢复档案原貌的技术。档案修复是档案保护工作的一项重要内容。它对延长档案的寿命、保持档案原貌、满足长期利用有着不可替代的作用。档案修复的基本原则，是档案工作者在传统修复技术及长期档案修复实践的基础上，就档案修复工作中所应遵循的基本要求达成的共识，主要有适宜性原则、相似性原则、可逆性原则。档案修复基本原则的形成和运用，对档案修复工作的健康发展具有极为重要的指导作用。

（一）适宜性原则

修裱所用材料应具有最适宜延长档案寿命的强度和特性，修裱材料和技术方法不得对档案制成材料产生副作用或损害。适宜性原则的要求是：首先要保持档案原貌。站在修复的角度看，就是要维持档案修复前的原貌。也可以说，档案的原貌是档案在破损前就具有的历史痕迹的价值状态。所谓的历史痕迹，不是档案原有的，而是在档案保存中形成的、在档案制成材料上反映出来的包含历史信息的痕迹，有着时间感和历史感，与档案的陈旧和残破同在。如果这些痕迹消失了，档案的凭证作用也就减少或不存在了。其次是绝不允许翻旧如新。档案修裱规程规定，修裱工作必须忠实原件，不允许做违反真实性的修复，也不允许进行人为的增减补充甚至再创造，更不允许对档案造成损坏。档案如果缺字，即使确有根据，只能附加说明，记载于案卷的备考表中。档案修复并不是为了使档案好看，更不能对档案造成不必要的伤害。

（二）相似性原则

修裱所用材料应与被修裱档案载体具有相类似的厚度、颜色和结构。相似性原则也是修复人员必须遵守的职业道德。相似的目的就是为了最大限度保持档案原貌。它是指在选择修复内容、修复材料、修复方法等方面要更多地考虑不影响档案原貌，对档案本体的干预力求最小。修复档案时，需要进行充分的调查研究和科学试验，以保护档案原貌为前提，选择出风险最小、效果最佳的方法和最耐久的材料。档案修裱规程规定：科学合理地确定修裱档案的范围和应采取的措施，可修裱可不修裱的暂不修裱；它是从实践中来又将回到实践中去，充分体现了保护档案原貌在档案修复中的核心地位。

（三）可逆性原则

修裱所用材料和技术方法应具有可逆性。修裱处理后的档案，在必要时应能通过再处理使档案载体与其修裱材料相分离。可逆性指的是档案在修复处理后，如有必要可通过再处理恢复到处理前的状态。档案修复之所以要求具有可逆性，是因为档案修复要求尽量有利于档案的永久保存，但实际上还没有任何一种修复方法可以一劳永逸。目前的修复方法在很大程度上还是属于阶段性修复，只能保证一定年限。当修复方法难以达到档案永久保存的要求时，修复方法具有可逆性就显得非常必要。修裱档案之所以可以反复揭裱，就是因为修裱技术具有可逆性。在目前的各种档案修复技术中，修裱技术的可逆性是最令人满意的，绝大部分甚至全部修复材料，都可以通过揭粘把它从原件上取下来。正是由于修裱技术具有如此完美的可逆性，才使其广泛应用于纸质档案、图书及书画等多个行业的修复。

二、纸质档案材料的除污去酸技术

（一）纸质档案的除污方法

由于不利的环境和人为的因素影响，纸质档案容易形成泥斑、水斑、油斑、霉斑、墨水斑、铁锈斑等各种污斑。这些污斑既影响美观又会直接造成或加速档案的损坏，使档案无法使用。因此，档案一旦被污染，就要想办法将污染物从档案上清除。由于各种污斑的组成和性质不同，去除的方法也不同，下面介绍几种常用的除污方法。

1. 机械去污法

使用简单的器具将档案上的污斑去除的方法称为机械去污法。这是档案去除污斑的前过程，即在使用其他方法去污前，首先要用机械的方法清除档案上的污染物。常用的器具有小刀、软刷、不同型号的细砂纸和橡皮等。

2. 水洗去污法

水是一种常用的溶剂，有较强的溶解力，当纸质档案上粘有泥斑或水斑时，可用清水去除。具体方法是：首先，将档案平铺在桌子上，先用毛质软的排笔慢慢刷去污斑上的浮尘和泥迹。其次，检查字迹的耐水情况。检查时在档案边缘选择一两个不重要的字迹或标点符号，在一张吸水纸上滴一滴水，将吸水纸放在要检查字迹的部位用手压一会儿，如吸水纸上有字迹的颜色，就证明字迹溶化。如确实证明字迹遇水溶化，就要先加固字迹然后再去污。再次，水洗。首先将档案放在水盘内（水中放1%左右的明矾，水温70℃左右），当纸张完全湿润后，用软刷子轻轻刷洗污斑处，直到洗净为止。然后，将档案取出放到另一盒清水中洗一下，拿出来放在吸水纸上吸去水分，最后放在干净的吸水纸上压干。如果纸张强度较差，遇水后难以从水中取出，可把档案放在玻璃板上或油纸上，一同放入水中，以便洗完后借助玻璃或油纸从中取出，这样可以使档案免遭损害。

3. 有机溶剂去污法

油斑、蜡斑一般能溶解在有机溶剂中，去除这类污斑，要选用适当的有机溶液作为溶剂。有机溶剂去污的具体步骤是：首先，机械刮除。先用手术刀或其他尖锐的小刀，小心刮除较厚层。如果纸张特别干燥，可把档案先放在湿润的两张纸中间，使档案稍加湿润，再刮除蜡层。其次，热熨吸除。在被刮过蜡层的档案上下扣放一张吸水纸，上面的吸水纸用热熨斗熨，这时被刮下的蜡斑遇热熔化，被档案上下的吸水纸吸去。熨斗的温度不宜太高，并且要经常换吸水纸，直到吸水纸上吸不到蜡为止。再次，检查字迹材料扩散情况。经刀刮、热熨吸除后，此时蜡斑已经熔化，留在纸上的是油斑，需用适当的有机溶剂来去除。有些字迹材料遇到有机溶剂会发生扩散，用有机溶剂擦除前要对档案字迹进行检查。如有扩散，换用别的有机溶剂继续试验，直到符合要求为止。最后，用有机溶剂擦除。先将档案扣放在一纸白色吸水纸上，用撮子夹一块棉花球，蘸上溶剂，在档案背面油、蜡斑上擦拭，待有机溶剂把纸张上的油、蜡溶解后，被下面的吸水纸吸收，渗透上来的油、蜡就会被棉花球吸收。擦拭时要经常移换吸水纸和棉球，直到吸水纸上见不到污斑的色素为止。然后，把档案翻过来处理，直到污斑处与档案其他地方的颜色一致为止。

4. 氧化剂除污法

它是使污斑与氧化剂发生化学反应，变为无色物质而被除去的方法。本方法主要是用于去除档案上其他有机溶剂不能除去的污斑。氧化剂的种类很多，分子结构各异，氧化能力各不相同。但氧化剂不仅能氧化污斑，也能不同程度地氧化纸张中的纤维素及字迹材料中的色素，从而导致纸张强度下降、字迹褪色等现象发生。因此，应根据纸张的种类和强度，字迹材料中的色素及污斑的性能，选择相应的氧化剂。常用的氧化剂有高锰酸钾、次氯酸钠、过氧化氢（双氧水）、二氧化氯等。用氧化剂除污，操作比较简单，使用方便。先配制一定浓度的溶液，将要处理的档案放在溶液中浸泡直到污斑去掉，再取出用清水漂洗，最后用吸水纸将档案压干。

5. 过氧化氢去污法

过氧化氢是一种无色液体，它是一种对档案纸张纤维素的破坏较小的氧化剂。用它可以去除一些水斑、泥斑、红墨水等颜色污斑和一些其他易去除的污斑。过氧化氢常与乙醚混合使用，以使纸张纤维不易受到损伤。制作混合液的操作方法是：把乙醚放入锥形瓶中，把等体积的过氧化氢放入分液漏斗中，然后将过氧化氢慢慢滴入锥形瓶中，边滴边摇动锥形瓶，使之充分混合后，盖上瓶塞，再用力摇5~10分钟。随后静置片刻，锥形瓶中的液体便会分成上下两层，用吸管吸出上层的混溶剂的方法除去污斑。

（二）档案裱张的去酸方法

档案纸张中酸度积蓄主要有两个途径，一是造纸过程中残留在纸张中的酸；二是在保管过程中酸性物质被档案纸张所吸收。如大气中的酸性污染物、微生物分泌的酶等其他因素使纸张上带有酸。酸能促使纸张纤维素水解，使纸张的强度下降，因此，酸是纸张破损的主要原因。为了延长档案的寿命，对含酸的档案须进行去酸处理。档案纸张呈酸性主要是因为它含有较高的氢离子，实际上就是去除氢离子。档案纸张去酸的方法，可分为液相去酸法和气相去酸法。

1. 液相去酸法

液相去酸法是通过使用某些碱性溶液与纸张中的氢离子反应来达到去酸的方法。主要有碱性水溶液和碱性有机溶液去酸法两种。

（1）碱性水溶液去酸法

碱性水溶液去酸法又分为氢氧化钙—碳酸氢钙溶液去酸法、碳酸氢镁溶液去酸法和缓冲溶液去酸法。

①氢氧化钙—碳酸氢钙溶液去酸法

它是先后用两种溶液分别进行去酸处理的一种联合去酸方法。去酸时，首先将0.15%~0.2%的氢氧化钙和0.15%~0.2%的碳酸氢钙溶液分别装在两个容器中，将档案用水湿润后放入氢氧化钙溶液中。氢氧化钙在水溶液中电离出氢氧根离子与纸张中的氢离子反应，从而达到去酸的目的。为了去除残留在纸张上的氢氧化钙，应把去酸后的档案放在清水中漂洗一下，再放入碳酸氢钙溶液中。最后取出档案，放在吸水纸中压干。这种去酸方法的优点是：去酸后残留在纸上的白色细小颗粒碳酸钙慢慢地渗入到纸张纤维中，既增加了纸张的白度，又能起到抗酸缓冲作用，防止纸张酸度的提高。

②碳酸氢镁溶液去酸法

首先将二氧化碳通入碳酸镁溶液中配制成碳酸氢镁水溶液。去酸时，把档案浸在碳酸氢镁溶液中20~30分钟，再取出放在水中清洗。最后把档案放在吸水纸中压干。这种去酸方法的优点是：残留在纸上的碳酸氢镁会慢慢分解，生成对档案纸张起抗酸缓冲作用的碳酸镁。

③缓冲溶液去酸法

缓冲溶液是一种能抵抗外加的少量强酸、强碱的影响，而其pH值基本不变的混合溶液，它具有调节控制酸碱度能力。由于缓冲溶液中存在着大量能吸收、结合外加氢离子的负电荷，当含酸的档案放在缓冲溶液中时纸张中的氢离子能被缓冲溶液吸收而达到去酸的目的。

（2）碱性有机溶液去酸法

碱性有机溶液，一般是由去酸剂和有机溶剂组成。由于溶液中不含水分，因此，碱性有机溶液去酸法能克服有水溶液去酸的缺点。主要有两种方法。

①氢氧化钡—甲醇溶液去酸法

去酸时，把1.86克氢氧化钡溶解在100毫升甲醇溶液中，配制成1%的氢氧化钡—甲醇溶液。根据纸张的强度，用浸泡或喷洒法对档案进行去酸处理。去酸后，残留在档案纸张上的氢氧化钡能与空气中的二氧化碳作用，生成碱性化合物碳酸钡，碳酸钡能起抗酸作用。

②甲氧基甲基碳酸镁去酸法

它是由甲氧基甲基碳酸镁和甲醇、氟利昂构成的混合溶液。去酸时，先将档案装在金属丝筐里，置于真空干燥箱内干燥 24 小时，使纸张含水量减少到 0.5%，再将装有档案的金属筐放在处理罐中，用泵打入去酸溶液并加压，使去酸溶液完全渗透到纸内。反应约一小时后，抽走去酸溶液，进行真空干燥。最后导入热空气至常压后，取出档案。这种去酸方法的优点是，档案纸张上残留有碳酸镁、氢氧化镁和氧化镁等碱性化合物，能起抗酸缓冲作用；干燥迅速，对档案纸张损伤小；处理量大，周期短，费用低，效果好。

2. 气相去酸法

气相去酸法，是把档案置于碱性气体或碱性蒸气中去酸的方法。气相去酸法，通常有三种。

（1）氨气去酸法

氨气是弱碱性气体，能与纸张中氢离子发生反应，达到去酸目的。去酸时，将盛有稀氨水（1∶10）的容器放入处理罐内，使从氨水中挥发出的氨气和氢离子作用。去酸时间为 24~36 小时。去酸后，纸张的 pH 值可达到 6.8~7.2。氨气去酸法的优点是：原料廉价，操作简单，对字迹无影响，可大批量处理档案。缺点是：去酸后，由于档案上没有碱性残留物，纸张容易恢复酸性。

（2）吗啡啉去酸法

吗啡啉；是一种无色、有氨味和吸湿性的中等碱性液体。去酸时，先把档案放在密闭容器内，用真空泵抽走容器内的空气，直至真空度为 0.5~1.0。再向容器内通入吗啡啉蒸汽约 10 分钟，使之渗透到纸内与氢离子作用，然后抽走残余的吗啡啉，再通入空气至常压。吗啡啉优点是：对档案可进行大批量处理，去酸迅速，处理时间仅 11 分钟，纸张寿命可延长 2.5 倍，对纸张、字迹基本无影响。缺点是：会使皮革封面变黑、磨木纸变黄。

（3）二乙基锌去酸法

二乙基锌是一种液态的金属有机化合物，化学性质活泼，能迅速夺取酸和水中的氢离子，达到去酸的目的。去酸时，把档案装入处理罐内，为了除去纸中水分，首先应进行真空干燥，再将二乙基锌放入罐内，在真空条件下迅速气化，并渗透到纸张纤维内与氢离子反应，同时也同纤维内微量水反应生成氧化锌。反应结束，抽出乙烷，加入少量甲醇以除残余的二乙基锌。然后，再通入二氧化碳，一方面可以使罐内压力回升，便于取出档案；另一方面还可以把具有光氧化催化作用的氧化锌转换成具有抗酸缓冲作用的碳酸锌。二乙基锌去酸法的优点是可对大批量档案进行处理，去酸后在档案纸上能均匀地沉积碱性残留物，起到抗酸作用，对档案纸张字迹无影响。

三、纸质档案的修裱技术

（一）修裱前期准备

1. 检查待修裱档案破损状况

修裱前应检查待修裱档案破损、虫霉状况，确定破损等级和修裱技术处理法。档案破损等级根据其破损程度分为三类：其一是严重破损的档案，特征为档案纸张整体强度差、霉烂、脆化、黏结严重，应采取修补、托裱技术进行加固修复；其二是一般破损的档案，特征为档案纸张整体强度尚可，但存在多处虫蛀、黏结、破损现象，应视其具体情况采取托裱或修补技术进行加固修复；其三是轻微破损的档案，特征为档案纸张整体强度较好，但局部有残缺、破损痕迹，应采用修补技术对档案进行修整。此外，还应根据需要对待修裱的档案作除尘、去污、除霉菌等处理。珍贵档案应先拍照后修裱。

2. 检查字迹损坏状况

修裱前应检查档案字迹材料遇水或有机溶剂溶化、扩散、褪色等情况，确定对字迹进行加固处理的方式，以及采用干托法、湿托法等技术处理方法。

3. 检查纸张材料

修裱前应依据纸张材料所属种类，准确选择修裱托纸、补纸。检查纸张酸度，当 pH 值小于 7 时，应先做去酸处理。

（二）制订修复方案

修复方案是指针对档案破损情况而制订的修复计划和措施。修复方案的内容包括：分析档案制成材料的性质、老化损坏状况及原因，拟定最佳修复方法与步骤，选择使用最合适的修复材料以及确定处理过程中的要求等。

（三）档案修补技术

档案修补技术是对残破档案进行局部修整的技术方法。一般适用于载体整体强度尚可，但存在局部残缺、有孔洞或装订边狭窄的档案。在操作中应根据档案原件的情况，采取补缺、接边、溜口、挖补等技术方法进行修补。

1. 补缺

将档案残破口刮毛，并将补纸撕成与残破口相符的毛口状，刷上糨糊，使之黏合。主要有补残破、补破碎、补洞等。要求补纸的色、纹应与档案纸张的色、纹一致，绢质也应色纹一致。

（1）补残破

将残破处对齐，字对准，把原件破口处用刀刮或打磨成斜坡，面宽约 1mm～1.5mm，然后在破口斜面处刷上约 2mm～3mm 宽糨糊（纸料需浆稀，绢料需浆稍稠），将补料按着纹路对准粘住，大片纸用棕刷刷，小片纸则可用手掌按实，趁湿撕下多余补料（不应用刀裁下），若纸张太厚则用刀轻轻刮掉。用掌心压实，然后将档案从案子上揭下，放在吸水纸上压平、晾干。破口处有字迹时应慎重处理，不应将字迹损坏。

（2）补破碎

破碎档案从背面不易拼对时，应将档案正面放在搁板上，拼齐碎块，逐一对准字迹，用薄纸条将破碎处暂时固定，然后把档案翻过来，进行补缺，最后将纸条揭下、压平、晾干。对酥脆残破的档案，应在有灯光反射的玻璃台面上修补。在台面上铺垫膜，将档案字面朝下展平，对准裂缝和字迹，然后用稍稠的糨糊将补纸贴上压平，再垫吸水纸排实。破碎严重的档案，则应进行托裱。

（3）补洞

补洞时，视洞孔大小及疏密，采取一洞一补法或多洞一补法。补纸片大，应用棕刷排平；片小用手掌压平即可。这种方法，适用于被虫蛀、鼠咬的档案。

2. 接边、接装订边

宜选用旧纸或与需要修裱的档案颜色相似的补纸，以保证颜色一致。如档案残破处在"天头""地脚"，应在档案上下两边加纸条，纸条宽窄视具体情况而定。接装订边，即加宽装订边，纸条宽度应按装订需要而定。

3. 溜口

把档案反铺在案子上，展平、对齐，在两页页口处或裂缝处自上而下刷糨糊，黏合 1cm～2cm 宽的棉纸条，排实后将档案揭起压平。

4. 挖补

适用于纸张整体强度尚好，个别断面破损不齐的档案，多用于除去书画上的错字及墨污痕迹等。档案正面朝上，将挖补处喷湿，把错字或墨污痕迹等处挖去；再在档案背面把洞口处磨薄，用毛笔蘸上糨糊，把相同的纸对准对齐，粘贴在挖补处，垫上干纸刷平，趁湿将多余纸擦掉，磨平边口。

（四）档案揭补技术

档案揭补技术是对严重黏结的档案进行分离，并对残破部分进行局部修整的技术方法。揭补分为干揭法、湿揭法两种形式。干揭法适用于纸张间黏结不太严重，但字迹遇水扩散的档案砖；湿揭适用于纸张间黏结严重，但字迹遇水不扩散的档案砖。具体技术方法有水冲法、水泡法、蒸汽法三种。

1. 水冲法

用开水冲淋黏连严重的档案，待其松软后，放在通风处晾至半干，再用螺丝刀、镊子、针锥等工具逐页细心揭开。

2. 水泡法

将黏结严重的档案置于开水中浸泡，并使用筛子放置档案，待其松软后沥起，晾至半干，再慢慢揭开。纸张强度较差的档案，不宜用水泡法。

3. 蒸汽法

用纱布数层将黏结严重的档案包裹起来，置于蒸搁上，隔水蒸，用热气将其冲软，晾至半干，用工具精心揭开。

（五）档案托裱技术

档案托裱技术是对档案载体进行加固的一种技术方法，适用于载体整体强度较差，出现霉烂、脆化、支离破碎现象的档案。档案托裱技术主要有湿托法、干托法等。

1. 湿托法

适用于修裱字迹遇水扩散的档案文件。操作的具体步骤与方法是：

（1）铺平

将文件反铺在裱台上，用喷水壶均匀喷水湿润，然后展平。根据档案残损程度，通常可采用以下铺平方法。第一，单层垫膜铺平。将文件反铺在垫膜上，便于起。适用于纸张强度低，残损严重的档案。又分干铺、水铺。干铺用于残破的档案；水铺用于残损严重（如霉烂、焦脆、絮状）的档案。第二，双面垫膜铺平。将文件正面附于一张垫膜上，便于档案上支离破碎文字的拼接，再在正面覆盖垫适用于纸张无机械强度、残损严重并呈碎片状档案。

（2）揭旧纸

将曾经托裱过的残损档案的褙纸揭掉。

（3）用糊

用排笔在档案背面刷上一层稀糨糊。

（4）补缺

在档案的残破部位背面用与原纸颜色相近、纸质基本一致的纸张补齐。

（5）上托纸

用棕刷把托纸刷在档案背面，要求快、稳、准。

（6）排实

为使托纸与档案黏结牢固，托纸上好后，用棕刷均匀排实。

（7）上墙

将托裱完毕的裱件周边刷 5mm～10mm 糨糊后，揭起贴在晾干设备上，使其自然晾干。干燥间应保持适宜的温湿度。一般温度应控制在 5℃～38℃，湿度应控制在 50%～65% 之间。过度湿热，裱件容易生霉；过度干冷，裱件容易崩裂。对容易崩裂的裱件，托裱完毕后暂不上墙，晾在杆上，待自动收缩干燥后，重新喷水上墙。

（8）下墙

用螺丝刀将已晾干的档案揭起，拉下大墙。

2. 干托法

适用于修裱字迹遇水扩散的档案文件。干托法又分为飞托法和腹托法。

（1）飞托法

是在托纸上用糨糊，将档案背面覆于托纸上的方法。将托纸铺在裱台上，刷上糨糊；将档案放在裱台上，用喷水壶喷雾，使之稍加润潮，然后卷起来；把卷起的档案水平展开，逐渐用棕刷排到托纸上；揭起裱件，置于吸潮纸上，上面再放几张纸，用棕刷用力排干、排实；揭起裱件，贴放在干燥设备上。

（2）腹托法，又称搭托法

是将档案反铺于裱台上，再将用糨糊后的托纸覆于档案背面的方法。具体操作的步骤与方法是：

①先把档案反铺于裱台上（档案下面应铺垫膜），需拼接的档案应放在玻璃灯箱式裱台上，借助灯光把拼接部位对齐；

②在托纸上用糨糊后，置于吸潮纸上撤潮，待托纸半干后，再将托纸浆面向下搭覆在反铺的档案上（应由二人合作），边放边用棕刷刷平，然后将垫膜连同文件一起揭起来，反放在吸潮纸上，仔细揭下垫膜；

③揭起裱件，置于吸潮纸上，上面再放几张纸，用棕刷排实；

④揭起裱件，贴放在干燥设备上晾干。

（六）丝网加固技术

在一定温度、压力下，使丝网与档案黏结在一起，起到加固作用。适用于两面有字的破损档案文件。具体操作的方法是：

第一，将档案摊平，对好破口处；

第二，在热压机底平铺一张垫纸，然后接通电源；

第三，将档案和丝网夹放在两张聚四乙烯薄膜中，然后放进热压机中（温度约80℃，时间约15秒钟），若无热压机，可以用电熨斗代替；

第四，取出档案，揭去薄膜，检查丝网与纸张是否粘贴牢固，如没有粘牢，应进行第二次热压。

四、档案字迹材料的耐久性与保护

档案字迹材料的耐久性是关系到档案寿命长短的重要因素。字迹材料的种类主要有墨汁、墨水、油墨、复写纸、圆珠笔、铅笔、印泥、印台油材料等。档案字迹材料发生褪色、扩散而变得模糊不清时，就会影响档案的利用。

（一）字迹材料耐久性的因素

1. 学迹色素成分的耐久性

字迹色素是显色的化学物质，它深受档案库房中温湿度、光、氧气和氧化剂、酸或碱溶剂等因素的影响。目前，档案中的字迹主要使用两类色素：一是颜料（无机或有机），二是染料。在通常情况下，无机颜料性能稳定，耐光度和耐热度高。而有机颜料在异常温度或光照情况下较易氧化变色，同时在耐酸碱性溶剂等方面也不如无机颜料。因此其稳定性一般不如无机颜料，但它的颜色比较丰富、鲜艳且着色力较强，是较耐久的字迹材料。

2. 字迹色素与纸张结合的耐久性

字迹色素与纸张结合的耐久性由色素与纸张的结合方式决定。目前常用的结合方式主要有三种。

（1）结膜式

它是一种当色素附着到纸张表面后，能在字迹表面形成保护膜，从而有效阻止色素氧化变质和转移，如墨汁形成的字迹就具有此特征，它是最耐久的结合方式。

（2）吸收式

它是一种利用纸张的吸附特征，当液体色素附着纸张时，色素将向纸张纤维表面或内部渗透，并被吸收固定为字迹，如各种墨水形成字迹的方式，它是较耐久的结合方式。

（3）黏附式

它是色素通过压力作用而简单附着在纸张表面而形成字迹的方式。由于这种方式字迹容易脱，因此它是最不耐久的结合方式。

实际上单纯一种结合方式形成的字迹都不能完美地与纸张结合，黏附式字迹易被擦除；吸收式字迹虽然比黏附式更耐摩擦，但吸收过程多数是在吸湿性很强的不干油（如甘油）等参与下共同完成的，不干油使字迹长久保持黏稠态，具有较强的吸湿性，从而增强了字迹的微观流动性，宏观上表现为字迹色素沿纸张纤维方向迁移扩散，如圆珠笔字迹等；结膜式字迹相对隔离了不适宜的外界环境并使色素迁移扩散得到有效抑制，但因缺少如深层吸收一样的深入结合，所以也存在脱落的危险。所以，好的字迹结合方式应是多种方式相结合。

（二）墨水字迹、打印字迹、静电复印件字迹的耐久性

1. 墨水字迹的耐久性

在日常工作与生活中，人们最常用的墨水主要有碳素和蓝黑两种墨水。从组成成分上看，碳素墨水主要由炭黑、虫胶、硼砂、甘油、酒精、氨水和水等原料配制而成，其成分主要是炭黑，在无机颜料中，它的性能最稳定、耐久性最好，而少量甘油则是液态墨水稳定剂和字迹干燥速度调节剂。蓝黑墨水又称鞣酸亚铁墨水，它主要由色素、稳定剂、抗蚀剂、润湿剂和防腐剂等组成。其中色素成分主要是鞣酸亚铁和没食子酸亚铁，但它在墨水中是无色的，当写到纸上时，被空气氧化成耐水、低黑度的鞣酸铁和耐光、增强变黑性的没食子酸铁，它们都是有机颜料，二者的有机结合就使得字迹的黑度、耐水性、耐光度都取得了较好效果，使其形成的字迹颜色持久不褪。因此，蓝黑墨水中的色素虽然是较耐久的字迹色素，但由于这种字迹含有少量性能不稳定的有机染料作为着色剂，遇水或某些氧化剂便会溶解扩散或氧化变质。因此，在长期潮湿或某些氧化剂的作用下此种字迹仍会扩散或褪色。所以，从提高档案使用寿命上看，使用碳素墨水将是最佳之选。

2. 打印字迹的耐久性

（1）针式打印字迹的耐久性

针式打印机生成的字迹，是色带上的色素通过钢针撞击到打印纸上形成的痕迹。这里的色带是由有机颜料（或染料）、不干油（如甘油）等形成的色浆浸染在布条上形成的。色带上使用不干性油，可使色带长期保持一定的流体性质，便于通过钢针撞击打印纸着色带的色素进行着色，着色带中的色素粒径较小，易于渗入到纸张纤维内部。此种字迹与纸张的结合方式虽属于深层吸收式，但由于色带含有大量不干性和强吸湿性的甘油溶剂，故打印材料上的字迹仍会继续携带色素颗粒在字迹线条周围随机迁移扩散，时间一久将导致字迹模糊不清。所以针式打印形成的字迹属于耐久不好的字迹。

（2）喷墨打印字迹的耐久性

喷墨打印是通过计算机控制特定喷嘴向纸张喷出墨水并被迅速吸收而形成的字迹或图形。喷墨打印的字迹材料是喷墨墨水。而墨水是采用各种染料溶解而成的，它采用吸收式生成字迹，由其色素成分和与纸张的结合方式可知，它具有易扩散、不耐光、耐热差、易氧化和溶解等缺点。所以，喷墨打印字迹也是不耐久性的字迹。

（3）激光打印字迹的耐久性

激光打印字迹的主要色素成分是炭黑，同时还有起黏结和成膜作用的热塑性树脂、树脂增塑剂石蜡以及电荷控制剂等。以炭黑为主要色素成分的激光打印字迹属于耐久性较好的字迹。从结合方式上看，激光打印字迹也较为牢固，激光打印机形成字迹时，首先计算机将要打印的文字或图像信号转换成感光鼓上带静电的光影图像，再用带有电荷的墨粉靠近，使墨粉吸附到静电光影上，形成墨粉影像，然后通过滚轴的压力将墨粉影像从感光鼓上转移到打印纸上，最后加热，此时墨粉中的热塑性树脂熔化并冷却成膜将墨粉字迹牢牢地固结在纸张上，即所谓的定影。可见，它的转移固定方式是黏附和结膜式，结合较为牢固。因此，激光打印字迹是较耐久性的字迹。

3. 静电复印件字迹的耐久性

静电复印是静电摄影方法的一种。其字迹的色素成分与激光打印字迹的墨粉成分和形成过程是非常相似的，理应属于耐久性较好的字迹。但实践证明，保存五年以上的部分复印件字迹会出现黏连甚至轻度纸砖现象。经分析研究发现，这类字迹赖以固定的成膜物热塑性树脂在增塑剂石蜡的作用下降低了软化温度，如果档案保管不慎产生局部高温、高湿或高压就可能接近它的软化点，长时间作用就会导致表层皮膜变软出现黏性；另外如果与其他含有增塑剂的物品紧密接触，这些增塑剂就会向字迹的树脂皮膜迁移，进一步降低它的软化点，从而使其在正常的保管条件下就会软化黏连或黏脱，大大缩短了它的寿命期限。因此，静电复印件属于不耐久的字迹。

五、档案文件字迹的恢复与显示

在长期保管和利用档案的过程中，有些字迹扩散、褪色或被污斑遮盖，既影响档案的外观，又影响档案的利用。因而，需要采取措施进行恢复与显示。目前，恢复与显示纸质档案字迹的方法主要有两类。

（一）物理法显示字迹

物理法显示字迹主要有摄影法和数字图像处理技术两种方法。

1. 摄影法

它是利用字迹、纸张及污斑对不同波长的光产生不同的吸收、反射，从而在胶片上因感光不同而加大反差，使字迹显示。具体方法有以下三种：

（1）可见光摄影法

它是利用可见光光源、相机、普通胶片及滤色镜显示字迹的一种方法。对于污斑遮盖的字迹，选择与污斑颜色相同的滤色镜，注意适当加大曝光时间，就可以显示被污斑遮盖的字迹。对于褪色的字迹，选择与字迹颜色相同的补色滤色镜，能使褪色字迹在胶片上相应部分的色调变深，而使字迹显示出来。

（2）紫外光摄影法

紫外光具有波长短、能量高的特点。许多物质对于紫外光的吸收、反射与可见光有明显的差异，利用物质的这种特性，可以获得在可见光下难以恢复的字迹。

（3）红外光摄影法

字迹材料中的墨汁、黑色油墨、黑铅笔及黑色打字字迹材料能吸收红外光，而有些污斑能反射或穿透红外光。这样，在红外光胶片上能形成不同反差，显示出字迹。在进行红外光摄影显示字迹时，一定要使用红外胶片，因为普通胶片不能感受红外光。同时，要正确调焦，正确选择滤光片。

2. 数字图像处理技术

数字图像处理技术，是利用计算机显示褪色字迹或图像的一种现代化的修复技术。它主要有数字化、计算机处理、显示三个步骤。

（1）数字化

就是把档案文件的文字转换成数字，以便计算机识别、处理。首先，用传真扫描仪对文件进行扫描，同时在存储介质上记录下档案文件上各点的有关参数，如光密度、透射率、透明度等。

（2）计算机处理

就是根据存储介质上记录的有关参数，得到一张档案文件所含灰度等的直方图或称频率曲线。然后，对数字化参数进行修正，还可以采用数字手段进一步处理，以消除霉斑、扩散部分等，能获得较好的修复效果。

（3）显示

由于计算机处理后的图像仍是数字化的。因此，必须对图像进行还原，以文字形式转置到某种介质（如纸张、胶片、电视监视器等）上，以便于人们阅读。

（二）化学法恢复字迹

化学法恢复字迹，是利用化学物质与褪色字迹、污斑等物发生反应，在原件上恢复字迹的方法。具体方法有以下两类。

1. 恢复蓝黑墨水褪色字迹的方法

（1）硫代乙酰胺、硫化铵恢复字迹。它是将盛有5%硫代乙酰胺溶液的容器放入水浴锅内加热，以促进硫代乙酰胺水解，把褪色的字迹文件放入溶液内，字迹慢慢恢复。用硫化铵恢复字迹，应将文件用水湿润后，放在玻璃板上，然后把玻璃板反扣在容器上。操作时应在通风条件下进行。字迹恢复后应马上把文件拍摄成照片保存。

（2）黄血盐恢复字迹

它是将文件夹在用黄血盐溶液润湿的吸水纸中，然后在吸水纸上加压适当重量的物体，经过一段时间字迹即可恢复出来。

（3）单宁恢复字迹

它是将单宁溶于酒精中，配制成5%的单宁酒精溶液，操作方法类同于黄血盐恢复字迹法。

2. 恢复蓝色墨水褪色字迹的方法

褪色字迹被涂上DH-B型恢复剂后，会发生异构化合催化反应，能生成酸性墨水蓝，使字迹得到恢复。其操作方法是：将文件平铺在通风橱内的台面上，用镊子夹脱脂棉球蘸上DH-B型恢复剂，在褪色字迹处轻轻擦拭一遍。待溶剂挥发后，字迹便清晰地显示出来。然后，用镊子夹脱脂棉球蘸上IB-E型保护剂，在已恢复的字迹上轻擦一遍，待溶剂挥发后即可。涂上保护剂的目的是防止蓝墨水字迹遇水扩散或溶褪，同时保护纸张。

第五章　高校档案的检索与利用

第一节　高校档案检索的途径和效率

一、高校档案检索的途径

档案检索途径是指可以作为档案检索系统入口进行检索的角度。检索途径在档案检索工具中是以检索标识的形式表现出来的。档案检索的途径可分为形式检索途径和内容检索途径两大类。

（一）形式检索途径

形式检索途径是以档案的形式特征作为检索入口的检索途径。具体可细分为责任者途径、文件编号途径、人名途径、地名途径和机构名途径。

1. 责任者途径

责任者即档案的形成者，包括机关和个人等。同一责任者形成的档案，在内容上反映某一特定职能活动，具有一定阶段性，在内容和时间上互有联系。责任者途径在已知档案的责任者和大致形成时间的情况下是比较方便的检索途径，而且通过这一途径可以检索到同一责任者形成的全部档案材料。

2. 文件编号途径

文件编号（如文书档案中的发文字号等）是一份特定文件固有的并具有唯一性的特征信息。在已知一份文件编号的情况下，采用文件编号途径检索档案是最为简便的。

3. 人名途径

这是从档案中涉及的人物入手检索档案信息的一种检索途径。人名途径对于检索有关某一特定人物的档案材料比较方便和有效。

4. 地名途径

这是从档案中所涉及的地名入手检索档案信息的一种检索途径。地名途径对于检索有关某一特定地区的档案材料比较方便。

5. 机构名途径

这是从档案中所涉及的机构入手检索档案信息的一种检索途径。机构名途径对于检索有关某一特定机构的档案材料比较方便。

提供形式检索途径的档案检索工具有责任者目录、文号索引、人名索引、地名索引、机构名索引等。

(二) 内容检索途径

内容检索途径是用直接表达档案主题内容的档案特征信息作为检索入口的检索途径。具体可细分为分类途径、主题途径和专题途径。

1. 分类途径

分类途径即将档案分类号作为查找入口检索档案信息的一种检索途径。从分类途径入手，可以系统、全面地查到相关档案材料，是档案检索中最重要的途径。

2. 主题途径

主题即档案所阐述的中心问题。主题途径是指从档案主题词或关键词入手检索档案信息的一种检索途径。从主题途径入手，可以直接查找到涉及某一问题、某一对象和某一事物的档案材料。主题途径也是档案检索中的一种重要途径。

3. 专题途径

专题途径即从某一专题入手检索档案信息的一种检索途径。

提供内容检索途径的档案检索工具有分类目录、主题目录、专题目录、案卷目录、案卷文件目录和全宗文件目录等。

以上两类检索途径都是十分有价值的。前一类途径可以通过已知的档案形式特征获得明确的检索结果，后一类途径则可根据使用需要，从主题内容出发对档案进行检索。比较而言，前一种途径的特点是可以迅速、准确地检索到特定档案．但前提是必须预先掌握档案确切的形式特征，否则就无法进行，而且也很难在此基础上扩大检索相关档案。后一种途径不必

事先了解档案相应的形式特征，不仅可以根据使用需要直接检索特定主题内容的档案，而且可以通过档案检索系统中主题内容之间的联系，扩大或缩小检索范围，进行相关档案的检索，但在检索确定的对象时，不如前一种方法直接和准确。因此，形式检索途径和内容检索途径应该是互补的。

二、高校档案检索的效率

档案检索效率是指在档案检索过程中满足利用者的全面性和准确性程度，它是衡量档案检索系统性能的一个最基本的指标。就每一个检索过程而言，理想的检索结果当然是无遗漏、无误差地检索出利用者所需档案，但由于各方面的因素，实际上很少能达到这样的结果。检索效率通常采用查全率和查准率两个指标来衡量。

（一）查全率和查准率

查全率和查准率这两个指标是 20 世纪初提出来的，后经不断改进和完善，至今已成为衡量检索效率的两项关键指标。

所谓查全率，是指满足利用者要求的全面性程度，即根据利用者的需求检出的相关档案与全部相关档案的百分比。与之相对应的是漏检率，即未检出的相关档案与全部相关档案的百分比。查全率和漏检率是两个相对应的指标，其公式为：

所谓查准率，是指满足利用者要求的准确性程度，即根据利用者的需求检出的相关档案与检出的全部档案的百分比。与之相对应的是误检率，即检出的不相关档案与检出的全部档案的百分比。

查准率表示档案检索系统排除与检索提问无关档案的能力。提高查准率可以节省利用者分离无关档案所花的时间，对提高档案检索系统的实际使用效果具有重要作用。因此，档案检索系统一般均采取各种措施，保持使用的查准率。将查全率与查准率结合使用，就可以比较客观地显示档案检索系统的检索效率。

（二）查全率和查准率的关系

研究结果得出查全率和查准率这两个指标之间存在互逆关系的结论。即查全率高，必然会检出一些内容关联程度较低的档案，从而影响档案检索系统的查准率；反之，提高查准率，要求排除与检索提问相关程度较低的档案，从而影响查全率。在实际工作中，有时查全率和查准率都可能达到百分之百，而有时查全率和查准率都可能是 0，检出一大堆材料，均属无关文献。

（三）影响档案检索效率的因素

影响档案检索效率的因素有很多，主要包括以下几个方面。

1. 档案检索系统的信息存贮率

档案馆（室）只有对所保管的全部档案都编制档案检索工具，存贮到档案检索系统中，档案的查全率和查准率才会提高。但应当指出的是，限于人力、物力等各方面因素，不可能对所藏档案都编制档案检索工具，而且任何一种档案检索工具的信息存贮率都是有限的，不可能把档案的全部信息都转附在一种档案检索工具之上。提高档案检索工具的信息存贮率，要从整个档案检索系统来考虑。档案馆（室）应根据实际，编制各种实用的档案检索工具，达到档案检索工具配套齐全，检索途径多样化的目的。

2. 档案检索语言的性能

档案检索包括档案信息存贮和档案信息检索两个方面，而这两个方面都离不开档案检索语言。档案检索语言是档案检索系统的语言保障，采用性能好的档案检索语言，可以使档案检索系统具有较理想的检索效率。

3. 档案检索途径的数量

从理论上说，档案在存入档案检索系统之后，该系统向利用者提供的检索途径越多，它被查到的概率也就越高。如果某一档案在档案检索系统中只向人们提供一条途径，那么人们只有找到这条唯一途径，才有可能获得这一档案。如果有六条检索途径可供查检，那么只要找到其中任一条途径便可获得，这样查全率、查准率自然都会相对提高。检索途径的多少，就使用单一的档案检索工具而言，取决于档案标引的深度，就使用整个档案检索系统而言，除标引深度外，还取决于档案检索工具的种类或数据库内部的数据结构。适当地增加检索途径有利于提高系统的查全率，但检索途径过多，也会加重系统的负担，有时还会造成检出档案的相关程度不高，降低查准率。

4. 档案著录与标引的质量

著录与标引是对档案的特征进行分析、选择、记录，并赋予其检索标识的过程，而检索标识是组织档案检索工具、进行档案检索的依据，因此，著录与标引的质量对于检索效率也是一个重要的因素。

5. 检索策略的优劣

如果说，档案著录与标引的结果对于档案存贮的质量至关重要，那么，检索策略在查找过程中则具有决定性的作用。检索途径选择得是否正确，检索标识之间的逻辑关系表达得是否科学，能否针对需求的变化和检索的误差灵活地调整检索表达式，是实现需求信息与系统内信息集合中相关信息成功匹配的关键。每一个不同的检索策略都会导致不同的检索结果。

6. 检索人员的素质

不论是手工档案检索系统还是档案计算机检索系统，都要由检索人员来参与和控制检索过程。上述因素中除档案检索语言之外，均与检索人员的素质有关，因此检索人员的素质对于检索效率有直接的影响。

第二节　高校档案检索的技术与方法

一、档案著录

档案著录是档案馆（室）编制档案检索工具时对档案的内容和形式特征进行分析、选择和记录的过程。著录的结果是编制出档案条目。条目是编制档案目录的基础。许多条目按照一定的次序编排组合，就形成档案目录。

编制检索工具（目录或索引），一般都经过档案的著录和档案目录的组织两个步骤：第一步，按照一定的规则，将每份文件或案卷的内容和形式特征记录下来，由若干著录项目组合成一个一个的条目；第二步，将许多条目，按照一定的方法，组织成一个有机体系，形成档案检索工具。

档案著录是记录档案特征的过程，条目是档案著录的内容，组成档案检索工具的基本单位。档案检索工具的质量，一方面取决于组织的方法，而更重要的是著录的质量。任何档案检索工具，要具备良好的存储和检索的功能，都必须以著录的详细具体、标引准确、格式与标志符号统一、方法一致、文字简明为条件。

著录上的差错与混乱，会降低检索工具的效能，甚至会使档案丧失作用。

档案著录所遵循的方法称为著录规则。为了实现著录工作的规范化，全国档案著录工作的依据的主要内容有：著录项目、标志符号、著录格式、著录详简级次、著录来源、著录方法等。

（一）著录项目

在档案的著录过程中，要以一定的记录事项对一份文件或案卷的内容和形式特征进行记录，这些记录事项就是著录项目。它是构成档案条目以及档案目录的最基本数据单元。

不同的目录，著录的项目是不相同的。根据要求，一般应著录下列项目。

1. 题名与责任者项

题名与责任者项包括正题名、并列题名、副题名及说明题名文字、文件编号、载体类型标志、第一责任者、其他责任者七个小项。

题名就是我们所说的文件或案卷的标题或名称。它是直接表达档案内容特征、中心主题并区别于另一档案的名称。责任者就是我们所说的文件的作者、形成者。它是指对档案内容进行创造，负有责任的团体或个人。

题名包括正题名、并列题名、副题名等。正题名是指档案的主要题名，一般指文件的标题，著录时照原文著录即可。并列题名是指与正题名并列对照的第二种语言文字题名，一般用于外交文件和少数民族文件中。我国有些少数民族地区，文件上同时使用两种文字，如"维汉合璧""蒙汉合璧"等，为了使用上的方便，可以著录并列题名。副题名也称为解释题名，它是对正题名的解释或从属题名，其前加"："。说明题名文字，是指在题名前后对档案内容、范围、用途等的说明文字。当遇到单份文件没有题名的情况时，应根据文件的内容拟写题名，外加"口"以示说明。当遇到案卷或文件题名不能揭示案卷或文件内容时，应在照录原题名后再重新拟写合适的题名，外加"口"，附在原题名之后。案卷题名过于冗长时，一般应重新拟写，然后再进行著录。

文件编号是文件制发过程中由制发机关、团体或个人编写的顺序号，包括发文字号、图号等。发文字号一般由机关代字、年度、顺序号组成。著录文件字号要完整，不能任意省略或只著录顺序号，以免产生误解，给查找文件与引用造成困难。

载体类型标志是对档案载体的类型进行著录。一般情况下，纸质档案载体不著录，特殊类型的载体要著录标志，如照片、录音、磁带等。

责任者是指对文件内容进行创造，负有责任的组织或个人。第一责任者是指文件上有若干责任者时，其中列居首位的责任者。当文件有两个责任者又分不清主次时，应把他们同样当作第一责任者，并列第一，著录时，其间用"，"隔开。其他责任者是指除第一责任者以外的责任者，著录时最多著录两个，其间以"；"隔开。

档案的责任者分为机关、团体责任者和个人责任者。机关团体责任者在著录时，应使用全称或通用的简称。个人责任者在著录时，一般只写出姓名，必要时将职务著录在姓名之后。有时，个人责任者使用的是笔名、别名或外文名字，著录时，除照原文著录外，还应将其真实姓名著录出来。有些档案文件没有署出责任者，应对这些文件进行考证，确定其责任者后著录，如果考证不出，著录时则以三个"口"代替。

2. 稿本与文种项

稿本是文件、文稿、文本的名称。文件稿本有正本、副本、草稿、修改稿、定稿、手稿、草图、原图、底图、蓝图等。不同的稿本，都有其不同的价值或效力著录时，应注明档案文件的稿本类型，如"．－副本"。文种，即文件名称，如通知、批复等。

3. 密级和保管期限项

密级和保管期限是指原文件的秘密等级和保管期限，照原文著录即可。密级一般按文件形成时所定的密级著录，对已升、降、解密的，著录新的密级，其前加"．－"符号。保管期限一般按案卷组成时所定的保管期限著录，对已更改的，著录新的保管期限其前加"："符号。

4. 时间项

时间项视著录对象分为文件级的文件形成时间和案卷级的案卷内文件起止时间。一份文件上只有一个形成时间，照原文著录，若有几个时间应有选择的著录。一般公私文书、信札为发文时间，决定、命令为通过时间或发布时间，条约、合同为签署时间，报表为编制时间等。

著录文件的时间，应以 8 位阿拉伯数字表示，前 4 位为年，5、6 位为月，7、8 位为日。月、日为个位数，前面要补 0。没有写明形成时间或时间不清的文件，必须根据文件的内容、形式、载体特征，以及参考其他材料考证出形成的时间，并加"□"符号。

案卷内文件起止时间，著录卷内文件最先和最后形成时间，一般根据案卷封面上标明的起止时间著录，并用"－"连接。

5. 载体形态项

载体形态项包括载体的数量及单位、规格、附件三个方面的内容。

数量及单位，著录时用阿拉伯数字及档案载体的物质形态的统计单位，如"卷""册""盒""袋""页"等。

规格指档案载体的尺寸及型号等，著录时其前加"："，如"．－5 盘：16 毫米"。附件，是指独立于正文的附加材料。附件的著录应区分不同情况，附件与正文连在一起作为一份文件者，一般著录的附件题名于载体的形态项末尾，其前冠"＋"符号。附件作为一份文件，能够独立使用，并具有自己的题名，可另行著录成一个条目，并在附注项中说明。

6. 丛编项

丛编项是指在一个总题名下，汇集若干同一类型、统一编号发布的系列文件。一般照原文著录丛编题名 并将其置于"（ ）"中，"（ ）"前加"．－"符号。

丛编项多适用于著录丛刊、丛书的书稿档案及某些会议文件，如"．－"

7. 附注项

附注项用于著录各个项目中需要解释和补充说明的事项，依各项目的顺序著录。著录时应本着"有则录之，无则免之"的原则，必须说明的就著录，不需要说明的可整项省略。有时需要说明的事项较多，但卡片上的空间有限，所以文字应力求简明扼要。

8. 标准编号和有关记载事项

此项一般用于著录科技文件，图样的国内、国际标准编号，通常很少著录此项。

9. 提要项

提要项是对文件或案卷内容的简介和评述，以揭示档案的内容和价值，应力求做到反映主题确切，评述中肯，文字简洁。

10. 排检和编号项

排检和编号项是目录排检和档案馆（室）业务注记项。该项包括六个小项，分别是分类号、档案馆（室）代号、档号、电子文档号、缩微号和主题词。

分类号是标记档案信息类目的符号，依据有关代码标准著录。档案馆（室）代号是赋予馆（室）的编号。档号通常包括全宗号、案卷目录号（类别号）、案卷号、页（张）号或件号，各号之间以"-"连接，如"5-3-15-18"。电子文档号是档案馆（室）管理电子文件的符号代码。缩微号是档案缩微品的编号。主题词是揭示档案内容的规范词语，各主题词之间空一格。

（二）标志符号

标志符号是用以区别不同的著录项目和著录含义的标志，用在著录项目之前。档案著录标志符号分为著录项目标志符和著录内容标志符两种。

1. 著录项目标志符

著录项目标志符是在每个著录项目之前冠以一定的标志符号，用以识别所代表的项目。主要有以下几种：

"．-"置于各大项（题名与责任者项、排检与编号项、提要项除外）之前。

"="置于并列题名之前。

"："置于下列各著录单元之前：副题名及说明题名文字、文件编号、文种、保管期限、数量及单位、规格。

"/"置于第一责任者之前。

"；"用于多个文件编号之间，多个责任者之间。

"，"用于相同职责、身份省略的责任者之间。

"+"置于每一个附件之前。

2. 著录内容标志符

著录内容标志符是用来标志对著录项目的解释，补充考证等含义的符号。主要有以下几种：

"（）"责任者所属机构名称、责任者真实姓名、责任者职务、中国责任者时代、外国责任者国别及姓名原文、丛编项。

"□"自拟著录内容及考证出的责任者、时间、载体类型的标志。

"？"用于不能确定的著录内容，一般与"□"符号配合使用。

"□"用于每一个残缺文字和未考证出时间的每一个数字。未考证出的责任者及难以计数的残缺文字用三个"□"符号表示。

"●"外文缩写。

"—"日期起止连接和档号、电子文档号、缩微号各层之间使用。

（三）著录格式

著录格式是指条目内各种著录项目的组织、排列顺序及表示方法。不同种类的检索工具，其著录格式也是不相同的。《档案著录规则》中规定应采用段落符号式的著录格式，按不同著录对象，该格式有文件级和案卷级两种。

文件级和案卷级条目著录格式，按其载体形式均可分为卡片式和书本式。使用卡片著录时，所用卡片的尺寸是 12.5 厘米×7.5 厘米，卡片四周均留 1 厘米的空白。著录时，依著录项目的前后次序著录，如果正面著录不完，可接背面继续著录，原顺序、格式不变。书本式条目著录格式，除在正题名前加顺序号，其后空一格外，其余与卡片式条目相同。

（四）著录详简级次

著录详简级次，是指著录时对档案著录项目的取舍程度。《档案著录规则》中所列的项目，是从总的要求上提出的，并不是每份文件或每个案卷都要求全部著录所有项目，有些项目要求必须著录，这些项目称为必要项目；有些项目可根据实际情况进行取舍，可著录也可不著录，这些项目称为选择项目。

必要项目包括：正题名、第一责任者、时间、分类号、档号、缩微号、主题词。选择项目包括：并列题名、副题名及说明题名文字、文件编号、载体类型标志、其他责任者、文本、密级、保管期限、载体形态、丛编、附注、提要、电子文档号、档案馆（室）代号。

档案著录详简级次分为详细级次和简要级次。详细级次是指在条目中不仅著录必要项目，还部分或全部著录了选择项目。简要级次是指在条目中仅著录必要项目。档案著录详简级次的选择使用，各机关档案室可根据情况自行选择。

（五）著录来源

档案著录来源是指被著录档案的本身。文件的著录来源，主要是文头、文尾，主题词的标引应查阅正文。案卷的著录来源，主要是案卷封面、卷内文件目录、备考表，主题词的标引应查阅卷内文件。如被著录档案本身材料不足时，可参考其他材料。

二、档案标引

档案标引，就是对文件或案卷的内容进行主题分析，从自然语言转换成规范化的检索语言的过程，即对内容分析结果赋予检索标志的过程。其中，给予文件或案卷以分类号标志的过程，称为分类标引；给予文件或案卷以主题词标志的过程，称为主题标引。

档案标引是档案著录最核心的内容。只有通过标引，才能使档案的内容特征获得检索标志，才能组成各种各样的检索工具。

档案标引的步骤主要包括主题分析和概念转换两个方面。无论是主题标引还是分类标引，都离不开这两个步骤。两种标引在主题分析方面方法基本相同，只是标引方法和对主题的确认程度不同而已。在概念转换方面，两者区别较大。

（一）档案分类标引

1. 档案分类标引的方法

档案分类标引，是指给每份文件或每一个案卷一个分类号，作为排列条目、组织档案分类目录和索引的依据。分类标引的方法是：

首先，熟悉分类表，了解分类表的编制目的、使用范围、分类原则、体系和结构，这是正确进行分类标引的首要步骤。

其次，准确地掌握需要分类标引的文件或案卷的内容，细致地进行主题分析。主题分析是通过对档案的内容特征进行分析，准确提炼和选定主题概念的过程。正确的主题分析是保证档案标引质量的重要因素。

再次，根据其内容归入最恰当的类。通过分析题名和浏览正文后确定主题，查阅分类表，找到确切相符的类目，标出分类号，最后审校。在标引之后，应进行审核，以保证档案标引的质量。

2. 主题分析与概念转换的基本步骤和做法

主题分析和概念转换是关键步骤，应予以高度重视。

主题分析的基本步骤：

第一，通过审核档案，了解和判断档案所反映的中心内容和其他主题因素，一般可通过文件或案卷的题名获得。当档案无题名或题名不能全面、正确地反映档案主题时应浏览全文，重点阅读全文的开头、结束语、段落标题，必要时阅读批语、摘要、简介、目次、图表、备考表等内容。

第二，通过审读档案，确定档案或案卷的主题类型和主题结构。档案的主题类型可以分为单主题和多主题。单主题是指一件（卷）档案只表达一个问题。多主题是指一件（卷）档案表达两个以上的问题。主题结构是指构成主题的因素。主题因素有五种，分别是：主体因素（即反映文件主题内容的关键性概念）、通用因素（即对主体因素起补充和说明作用的次要因素）、位置因素（即文件所论述事物、对象和问题所处的空间、地理位置的主题因素）、时间因素（即文件所论述的对象所处的时间范围内的主题因素）、文件类型因素（即文件的类型和形式方面的主题因素）。概念转换是指在确定了主题类型和主题结构的基础上，选定主题词或分类号的过程，也就是将主题概念转换成检索语言给出检索标志的过程。

分类标引概念转换的基本做法是：根据主题分析的结果，将正确的分类号赋予被标引文件。分类标引必须符合专指性的要求，应根据文件或案卷的内容给出最合适的分类号，既不能给予上位类号，也不能给予下位类号；当分类表上无恰当的分类号时，才能给予上位类号或与档案内容最密切相关的类号，必要时，也可以增设新类目；凡是一份文件或案卷涉及两个或两个以上主题者，可以标引一个以上的分类号，但这种标引应控制使用，一般标引不能超过三个分类号。赋予被标引文件分类号时，应遵循前后一贯性的原则。由于有些档案内容的性质是相同的，所以会产生一些相同的条目，这些条目都应归入一个类目中，赋予相同的分类号，自始至终保持一致。

3. 分类标引应遵循的基本规则

标引规则是在标引工作中运用标引语言的语法规范。制定标引规则的目的在于保证不同的标引人员遵守共同的方法进行标引，以保证标引工作的质量。

档案分类标引必须以档案内容及其他特征为依据，对文件或案卷进行周密的主题分析，查明所论述的对象属于什么主题，有什么用途，不能单凭题名就赋予分类号。

分类标引必须依据档案检索专用的分类表及其使用规则，辨清类目的确切含义，不能脱离类目之间的联系和类目注释的限定孤立地理解类目的含义。

分类标引必须符合专指性的要求，依据文件或案卷内容给出最合适的分类号。分类标引必须为充分发挥档案的作用创造条件，为此，应根据档案的具体内容和成分，在检索工作中提供必要数量的检索途径，确定适当的标引深度。

分类标引应保持一致性。各种文本、载体类型的同一主题档案所标引的分类号均应一致。对某些难以分类和因分类表无相应主题类目而赋予相近的类号时均应做好记录，以供审核时研究参考之用。

（二）档案主题标引

档案主题标引，就是通过对文件或案卷内容的主题分析，从主题词表中选择相应的主题词来标志其内容主题，存储在检索工具中，作为检索的依据。

1. 步骤

首先，审读文件，确定主题。在此基础上，确定主题类型与结构。

其次，对主题进行概念分析，选定主题词。在确定主题类型和结构后，从词表中选定相应的主题词标志文件或案卷主题。具体选择主题词时，应深入研究主题分析的全面性、概念分解的准确性，充分考虑使用者的检索需要，从主题词表中选择专指性强并能正确表达主题概念的主题词。

再次，给出主题标志。确定选用的主题词，并明确各主题词之间的关系，将主题词著录在条目上。

最后，审校。要审查对文件或案卷的主题分析是否正确，确定的主题概念是否恰当，选定的主题词是否确切表达了主题，著录有无错误，是否符合标引的组配规则。审校是主题标引工作中不可缺少的步骤，应由精通业务的人员担任。

2. 基本规则

档案主题标引应以档案论述的客观事物和研究对象为依据，客观地反映档案主题，不应掺杂标引人员的臆测和褒贬。

①标引档案的主题词必须是词表中的正式主题词，非正式主题词一般不能作为标引词使用。选词时，必须首先考虑选用最专指的主题词，不得以其上位词或下位词进行标引。当没有专指主题词时，则应选择最直接相关的几个主题词进行组配标引。

②如果组配标引仍无法达到要求时，可选用最邻近的上位词或下位词进行靠词标引。一般应依据词族索引选用最直接的上位概念主题词进行标引，不应使用越级上位主题词标引。另一种是用近义词进行靠词标引，应依据范畴索引选用与主题概念含义最相近的主题词进行标引。

③当上位主题词标引不合适时，可采用关键词进行标引。关键词标引又称为增词标引。关键词是主题词表以外的，未经规范化处理的自然语言。使用关键词一般要按照规定的手续作为后补主题词登录后方可使用，以后按照使用频率高低转入正式主题词。

④标引应以文件为单位进行，每份文件的标引深度，应根据文件主题的详略和重要程度而定。手工检索系统应该控制词量，防止过度标引，以免造成系统负担过重，增大误检率。

3. 主题词组配标引规则

所谓主题词组配，是指在标引时，用两个或两个以上主题词的合理组合来表示文件或案卷主题。组配是主题法灵活性的主要表现，它能用较少的主题词通过组配方式来表达档案的复杂主题。

常用的组配方法有概念限定组配、概念相交组配。前者使概念更专指，表达方式为：起修饰限定的概念放在后面，被限定的概念放在前面，中间用"——"连接，如"污染——环境"。后者用以表示概念之间的交叉关系，方法是在两词之间加上"："，如"钢铁企业：联合企业"，表达钢铁联合企业的概念。

第三节　高校档案的合理利用

一、档案开发利用的含义与特点

高校档案馆（室）根据学校招生、教学、科研、管理工作和社会组织或个人的需要，提供所藏档案为其利用者服务，以充分发挥档案的作用，实现档案信息资源共享，称为高校档案的开发利用。

高校档案开发利用主要有以下四个特点。

（一）开发利用的目的性与效益性

高校档案的开发利用，首先是以满足学校招生、教学、科研和管理工作的需要，为学校开展各项工作创造条件，进而提高工作效率；其次是满足社会组织或个人利用档案的需要，借以提高社会效益，同时兼顾经济效益。

（二）开发利用与档案积累的同步性

开发利用必须以丰富的馆藏为基础，只有充分开发利用现有档案信息资源，才能为不断积累、补充和优化馆藏档案创造前提条件。因此，开发利用与档案积累是相辅相成、同步发展的。

（三）开发利用的范围与程度的渐进性

由于高校档案中部分信息内容具有机密性和内向性，在开发利用的时间上不可能像报刊一样迅速扩展，而是一个渐进的过程。相当一部分未到开放与公布期限的档案，在一定的时间内只能在校内档案机构或归档部门范围内加以利用。根据档案法律法规的规定，档案到达开放和公布期限后，才能扩展到校际交流和社会利用。尤其是一部分机密档案和科学技术保密成果，只能在解密之后才能成为社会共享的成果。因此，高校档案利用的范围与程度是一个由近及远、由内及外、由小至大、由少到多的扩展过程。

（四）开发利用的信息反馈性

高校档案的开发利用不是单向的信息流动，而是一个动态的、双向的信息交流过程，有效的开发利用必须以双方及时的信息反馈为基础。不论是校内还是校外的利用者，他们不仅是档案信息的被动接受者，还对档案信息的需求程度以及档案信息内容的选择、发展动向、传递方式和利用效果等有各式各样的反应，也就是利用档案后的信息反馈，这种信息反馈有利于高校档案工作的深入开展。

二、档案开发利用的模式与途径

（一）传统开发利用模式及途径

传统开发利用模式在我国有相当长的历史，至今仍然占有相当大的比重。高校档案开发利用基本上是以档案原件或档案副本、复制品的形式，直接提供给利用者查阅，或摘抄，或复制，以满足广大利用者的需要。具体的开发利用途径有以下几种。

1. 阅览服务

这是高校档案机构为档案利用者开辟阅览室，供利用者查阅档案文件及有关文献资料的一种服务方式，是高校档案最基本、最普遍的一种开发利用方式。档案利用者只要持有关证件，到学校档案馆（室）办理借阅手续，填写《档案借阅登记簿》，即可到档案阅览室查阅有关档案文件。

高校档案馆（室）开展阅览服务，有利于档案利用者查阅档案，获取档案信息；有利于档案的保护和保密；有利于使更多的利用者能直接查阅档案原件，提高借阅档案的周转率和利用率；有利于高校档案工作人员对档案进行监护，掌握利用情况，解答利用者在利用中提出的具体问题；同时，可以及时得到档案利用者反馈的意见，更好地改进服务工作，更好地为利用者服务。

阅览服务的具体要求应包括以下几点。

第一，高校的档案馆（室）必须设立阅览室，配备专兼职工作人员，具体管理阅览室工作。阅览室应当设在离高校档案库房较近的地方，房间应比较宽敞、舒适，室内应备有各种检索工具（目录、卡片、参考资料）和较先进的检索设备，配备一定数量的桌椅坐凳，室外走道或休息室备有饮水设施等，应在室内墙壁醒目处悬挂阅览制度，明确规定接待对象、借阅范围、履行借阅登记手续、保护档案原貌等利用者应当遵守的事项。阅览室的档案工作人员不仅要熟悉馆藏档案，掌握各种检索工具的使用方法，更重要的是要有全心全意为利用者服务的工作态度和满腔热情，懂得换位思考，当好档案阅览者的顾问和参谋。

第二，未建馆的高校所保存的档案，主要为本校各部门提供利用服务，不向社会开放。校外其他单位或个人利用档案时，一定要持单位介绍信，经校办主任批准后，方可查阅。涉及重大问题或党和国家机密的须经主管校领导批准。

第三，阅览室要建立、健全规章制度。阅览室对前来阅览档案的对象、阅览范围、阅览要求与手续以及相关事项，都应做出明确的规定。为了维护档案的机密安全，档案馆（室）一般应规定利用者不得查阅与其利用无关的档案；对于已经脆化、缺损的易毁档案，档案部门一般向利用者提供复制件；对一些尚未整理编目的零散文件，一般不予借用；严禁档案利用者在档案上做记号或涂改档案文件。为了维护阅览室良好的阅览环境，同时为了避免损坏档案，禁止利用者在阅览室吸烟，喝水应到指定的地方；不许利用者将档案原件及其复制件等私自带出馆（室）外，阅后的档案应及时归还，阅览室工作人员要认真清点核对，履行归还手续。如果发现档案文件有受污、涂改、损坏、撕毁、遗失或其他异常现象，档案人员应当立即采取措施予以妥善处理，并严格按照有关规章制度对损坏档案的利用者追究责任。

④档案利用结束后，利用者必须在"利用效果"栏目内如实填写档案利用效果。

2. 借出档案

在一般情况下，档案是不允许借出利用的，只有在特殊情况下，在一定范围内，经过主管校领导批准，某些档案才可以暂时借出。

高校档案借出服务的具体要求包括以下几方面。

第一，建立、健全高校档案借出的审批制度。按规定只有在利用者，特别是党政领导机关或司法机关，要求必须以档案原件作为证据的特殊情况下，经学校主管领导审查批准，才可以将档案原件借出高校档案机构。外借的时间不宜过长，以免丢失或泄密，对借出档案应认真点清卷数、件数，以掌握具体档案的流动和利用情况。借用单位要及时归还并对所借档案的完整与安全负完全责任。

第二，履行严格的档案借出登记与记录工作。高校档案的外借必须履行严格的档案借出登记和记录工作，负责监督档案利用者认真填写好《档案借出登记表》，具体内容包括档案借用者的单位、借用人姓名、政治面貌、职务、借出日期、归还日期、借出档案所属年度、借出档案的卷号、卷件数，以及接待档案借出的工作人员姓名、主管领导签字等。档案借出登记的目的在于掌握档案利用者借阅了哪些档案及副本，了解外借档案的去向，明确借阅使用档案的责任。

第三，建立催还制度。对于借出的档案，要有归还时间限制。档案借用者不得以各种借口拖延归还时间，对于未按期归还的档案，档案机构应及时向档案借用者催还，以加速档案周转利用，提高档案的利用率。这样，也可以避免档案由于外借时间较长而出现损坏、遗失等现象。档案工作人员要认真办理归还手续，在《档案借出登记表》上注明归还日期，并且要求借用者填写利用效果。如果发现借出档案有损坏、撕毁等情况，应及时向主管校领导汇报，按照档案开发利用的有关规章制度妥善处理。

3. 编研服务

为了实现高校档案信息资源的深层次开发，高校可采取提供利用与编研相结合的方式，实现以资源共享为目的的档案信息开发利用新模式。这种模式具有动态性、开放性、能动性和实用性特点，是一种将"死"的档案资源"复活"为流通的信息，变被动服务为主动服务的档案信息开发利用模式。

4. 咨询服务

高校档案部门的咨询服务是以档案为依据，通过解答利用者提出的问题，向利用者提供档案材料和档案专业知识途径的一种服务方式。档案利用者经常会因一些政策、法规或技术方面的问题，通过口头、电话和书面方式向档案部门进行咨询。高校档案馆（室）在不违反国家法律、法规的情况下，应提供咨询服务或出具证明，使咨询者满意。如果涉及党和国家的秘密或社会团体及公民个人的隐私问题，则要耐心地解释，谢绝回答。

咨询服务的步骤主要有：①接受咨询，对档案利用者咨询的目的以及内容进行审查，认真填写《档案咨询登记表》；②对利用者提出的问题进行认真的分析；③将查找所获得的信息、数据以及文献等直接提供给利用者；④注意咨询档案和咨询效果的意见反馈登记；⑤有条件的高校档案馆（室）还可以开展数字参考咨询，利用数字档案馆网络进行在线咨询服务。

5. 档案复制服务

档案复制服务的要求包括：①认真填写《档案利用（复制）登记表》；②高校档案部的档案工作人员，在其复制件上亲笔签字；③由档案馆（室）加盖档案行政公章；④外单位的人员利用复制件，需持单位的介绍信和工作证、身份证等合法证明，经提供利用方有关领导同意签字后，方可复制档案。

档案复制服务同样是高校档案开发利用常见的档案利用服务方式之一。复制服务是以档案原件或档案副本为依托，通过复制（包括静电复制、缩微复制、拷贝复制、软盘复制等）手段，向利用者提供服务。制发档案复制件的优点有：速度快、准确度高；提高了档案利用率；有利于档案原件的保护和长久保存。

高校档案馆（室）制发档案复制件提供利用时，必须要注意以下几个问题。

第一，由于是复制件，所以在复制的过程中，不排除将档案原件有意改动的可能。当利用者需要档案复制件时，一般由档案人员在高校档案馆（室）复制，不得由利用者本人或其他人员将档案原件拿出档案馆（室）进行复制。

第二，高校内部工作人员（包括离退休人员）因私事利用档案时，一般不予复制，但因工作的需要必须经主管校领导批准才能复制。

第三，对于上级党政领导机关（含主管部门和本校）印发的标有密级并且尚未解密的档案原件，一般不予复印。

6. 展览服务

展览服务是指高校档案馆（室）根据某种需要，按照一定的主题以展出档案原件或复制品的形式，系统地揭示和介绍有关档案的内容与成分的一种服务方式。这是让社会各界更多地了解档案、档案工作和档案馆（室）的渠道之一，也是档案馆（室）向社会广泛宣传档案与档案工作，增强社会档案意识的一种有效形式。各高校应根据本校档案馆（室）馆藏的档案，设立展览室或举办如历史档案、名人档案、伟人档案以及高校各种纪念活动专题档案等不同类型的展览。

举办档案展览是一项政治性、思想性较强的工作，又是一项具有科学性和艺术性的工作。举办档案展览的具体要求包括以下几方面。

第一，明确举办档案展览的目的。举办档案展览主要是起到积极宣传档案和档案工作或某些重要档案内容的作用。对展览档案题目的确定、展出内容、展出的范围，都应进行周密的考虑，然后拟定详细的展出计划和档案展出提纲，经主管校领导批准后再执行。

第二，尽量提供档案复制件。档案展览一般应是复制件，避免用档案原件展览。一定要展出档案原件时，千万要加强安全保护，且必须有专人看守，或锁在陈列的展柜内，以防档案原件丢失或损坏。对于有密级尚未解密的档案，则不能公开展出。

第三，注意展览的选材。高校档案展览的选材要注意形式多样化，生动有趣，意蕴深刻，且有吸引力。

第四，注重讲解。高校档案展览的某些内容需要通过讲解服务，讲解展品的历史背景、来源和相关信息，以显示出档案展览的生动性、鲜活性、立体感。

7. 制发档案证明

档案证明是高校档案部门根据档案利用者的需要，为其核查某种事实，而提供复制或摘抄档案的一种书面材料。制发档案证明是高校档案开发利用工作的一种方式，其范围包括某些重大历史活动和历史事件的证明材料；公安、司法、监察、纪检机关需要的审理方面的证明材料；公私各方面需要的签订合同、协议书、产权等证明材料；个人需要的有关工龄（教龄）、学历、奖惩、职务、职称、工资等方面的证明材料等。开出档案证明必须严肃且谨慎，其要求是：

第一，高校档案部门必须认真审查利用者的工作证或身份证、单位介绍信及其提出制发档案证明的要求，依据要求酌情提供摘抄或复制相应的档案内容的证明材料。在摘抄时必须注明目的及被证明的某种事实背景情况（如时间、地点）。

第二，档案证明材料必须真实可靠，一般应根据档案原件摘抄或复制，如果是根据草稿、草案、草图摘抄或复制，要在证明材料上加以说明。

第三，档案证明材料上应注明出处，如档号、全宗名称等，还应注明提供方法（如记述档案原文内容或复制原文等）和根据。

第四，档案证明只证实某一事实在本馆（室）所藏档案中有无记载和如何记载，对材料内容不加以评价或做出结论。证明材料文字应准确、明了，不能含糊其词。

第五，高校档案部门对开出的档案证明必须高度负责，必须对其进行认真的校对、审核，并应加盖公章，且有档案部门负责人的亲笔签字。

（二）信息化开发利用模式及途径

我国信息化开发利用模式早在 20 世纪 80 年代就已启用，这种新型的模式是传统开发利用方式的拓展，后来迅速发展的网络、光盘、计算机等先进的信息技术在高校档案部门普遍应用，大大提高了高校档案开发利用的社会效益和经济效益。

1. 网络信息服务

网络能使高校档案信息资源在更大的范围内传播，高校档案部门利用这个平台，在档案信息服务方面突破了旧的格局，可以开展多层次、全方位的服务。

2. 计算机技术

计算机技术具有高效的信息处理能力，信息的输入、输出速度快，大大提高了档案信息的传输效率。档案利用者通过计算机进行复印、缩微、扫描等方式，可以实现档案信息传递的网络化，能够从技术上保证在更大的范围内实现档案信息资源共享。

3. 光盘的使用

光盘具有存储量大、数据传输率高、存取速度快、存储成本低、易保存、体积小等优点，在高校档案信息开发中使用光盘是高校档案部门现代化服务的方式之一。

4. 各种传媒服务

传媒服务是指高校档案馆（室）通过各种传播媒介，传播各高校馆（室）藏有关档案信息和相关事务的信息，进而促进档案信息资源在各行各业中得到广泛利用的一种开发利用方式。高校档案的开发利用，可以通过不同媒体的传播方式展开服务，如通过报纸、刊物、广播、电视、视频，以及电子橱窗等大众传播媒介传播相关事务的信息，进而促使高校档案得到广泛的利用。通过传播媒介传递档案信息是一种十分有效的途径，目前，各高校都建立了校园网络、广播、校刊，还有些高校推出了微信公众号，这些载体能及时地为高校档案机构开发利用档案信息资源提供快速而有效的途径。

三、高校各部门档案的开发利用

（一）学校党群、行政档案的利用

1. 建立借阅利用制度

规定查、借、还档案的权限、手续等事项，并严格执行；对离校及离退休人员，在办理调离手续前，必须清还档案。

2. 根据工作需要，编制配套的检索工具

学校档案部门可将可开放利用的党群、行政档案目录分类汇编成册，印发给各部门使用，也可将目录放在学校网页上，供查阅。

3. 开展党群、行政档案的编研工作

分析党群、行政档案的内容，围绕学校各项工作的开展确定选题，编辑各种形式的、不同层次和专题的参考资料，如全宗介绍、年鉴、学校大事记、组织机构沿革、数据汇编、专题文摘等，为学校各项工作提供参考咨询。

4. 根据需要公布档案资料

根据社会和学校需要，学校档案部门可在适当的时候通过展览和新闻媒体公布档案资料。

5. 提高信息资源利用

根据档案信息化建设的需要和实际利用需求，积极创造条件，应用计算机进行档案检索，提高开发利用党群、行政档案信息资源的能力。

（二）学校教学档案的利用

教学档案是学校档案的特色内容之一，学校档案部门应加强开发利用工作，积极创造条件开展利用服务，充分发挥教学档案的作用。

1. 建立借阅利用制度

档案借阅利用制度可参考《学校档案部门业务建设规范》，规定查、借、还档案的权限、手续等事项，并严格执行；对离校及退休人员，在办理调离手续前，必须清还档案；在为校内外个人或单位提供学生录取、学籍、成绩、毕业等相关证明材料时，应做好查阅人或受委托人身份的确认和核实，注意学生个人信息的保护，不得随意传播和复制。

2. 建立学籍档案数据库

根据工作需要，编制配套的检索工具，建立学籍档案数据库。学校档案部门可将开放利用的教学档案目录分类汇编成册，印发给各部门使用，也可将目录放在学校网页上，供查阅。

3. 开展教学档案咨询服务

帮助利用者熟悉和了解与其利用需求相关的教学档案的情况，指导其查找和利用，并解答有关问题。根据学校教学工作的需要，开展定期跟踪服务。

4. 开展教学档案编研工作

分析教学档案的内容，根据学校教学工作的需要，编辑各种形式的、不同层次和专题

的参考资料，如数据汇编、专题文摘、校友名录等，为学校各项工作提供决策参考。

5. 收集、登记、利用教学档案

收集、登记、利用教学档案的社会效益和经济效益，并将利用实例汇集成册，印发宣传。

（三）学校科研档案的利用

1. 做好科研档案借阅、咨询服务

做好科研档案借阅、咨询服务，充分发挥科研档案的凭证作用和参考作用，为保护科研成果所有权及正确处理科研工作中的各种权益问题提供凭证，为科研活动提供参考。

2. 开展科研档案信息编研工作

积极开展科研档案信息编研工作，定期编辑科技成果简报、论文汇集、专业数据汇编等参考资料，在校内各部门、各单位之间进行交流报道或宣传介绍，供全校科研工作者参考。

3. 加工整理科研档案信息资源

对科研档案信息资源进行加工、整理、有序化重组，编制专题数据库，例如科研成果数据库，使科研档案得到有效的增值，发挥更大的作用。

4. 妥善处理开发利用和知识产权的关系

注意妥善处理好开发利用与知识产权的关系，既要注重对档案信息查阅、复制、转摘的合法权利的保护，同时也要强调对其非法利用行为的控制，维护知识产权人的合法权益，避免不必要的知识产权纠纷和损失。

5. 妥善处理开发利用和保密的关系

妥善处理好开发利用与保密的关系，要严格遵守国家有关科技保密的规定，在正确划分科研档案密级的前提下，合理确定使用范围，保证科技机密及档案的安全，维护本校和科研人员的权益。

参考文献

［1］王秀文，于丽娜. 高校图书馆读者服务与档案管理探索［M］. 长春：吉林科学技术出版社，2021.08.

［2］田亚慧，龚海洁，郝彦革. 高校干部人事档案信息化管理研究［M］. 吉林大学出版社有限责任公司，2021.11.

［3］徐世荣. 档案信息化建设与管理创新研究［M］. 长春：吉林文史出版社，2021.10.

［4］杨玲花. 现代档案管理工作与保存策略研究［M］. 北京：中国纺织出版社，2021.11.

［5］周杰，李笃，张淼. 文书工作与档案管理［M］. 延边大学出版社有限责任公司，2021.08.

［6］赵丽颖，芦利萍，张晨燕. 档案管理实务与资料整理［M］. 吉林人民出版社，2021.08.

［7］李蕙名，王永莲，莫求. 档案保护学与科技档案管理工作［M］. 沈阳：辽宁大学出版社，2021.05.

［8］郝飞，袁帅，李伟媛. 现代档案管理与实践应用研究［M］. 吉林人民出版社，2021.11.

［9］郭美芳，王泽蓓，孙川. 档案信息化建设与管理［M］. 长春：吉林人民出版社，2021.06.

［10］李扬. 高校档案管理与信息安全研究［M］. 北京：北京工业大学出版社，2020.04.

［11］吴彧一，王爽，刘红. 高校人事档案管理实务与创新［M］. 延吉：延边大学出版社，2020.06.

［12］赵学敏. 高校数字档案馆建设理论与实践［M］. 昆明：云南大学出版社，2020.

［13］周璐. 声像档案管理实务［M］. 昆明：云南科技出版社，2020.04.

［14］张杰. 信息时代下档案管理工作创新研究［M］. 长春：吉林大学出版社，2020.08.

［15］谭萍. 基于大数据环境下创新型档案管理与服务研究［M］. 长春：吉林人民出版社，2020.04.

［16］张玉霄. 数字档案信息资源安全管理研究［M］. 长春：吉林大学出版社，2020.08.

［17］赵雁主. 新时代背景下档案管理工作实践与探索研究［M］. 吉林出版集团股份有限公司，2020.04.

［18］朱兰. 档案管理理论研究与实践应用［M］. 北京：中国农业科学技术出版社，2020.04.

［19］陈苏东. 档案管理原理与务实［M］. 长春：吉林摄影出版社，2020.05.

［20］申红，韩平，张萍. 档案管理与智能应用［M］. 长春：吉林人民出版社，2020.

［21］宛钟娜，王欣，何大齐. 文书与档案管理［M］. 成都：电子科技大学出版社，2019.03.

［22］陈一红. 我国高校档案管理工作创新研究［M］. 天津：天津人民出版社，2019.09.

［23］许秀. 高校档案管理与信息化建设研究［M］. 哈尔滨：哈尔滨工业大学出版社，2019.07.

［24］杨阳. 高校档案管理信息化建设［M］. 长春：吉林文史出版社，2019.01.

［25］黄兆红. 信息时代下的高校档案管理［M］. 延边大学出版社，2019.05.

［26］西仁娜依·玉素辅江. 高校教学档案管理理论研究与实践［M］. 长春：吉林人民出版社，2019.05.

［27］李晖. 国防特色高校档案管理与信息化建设［M］. 哈尔滨：哈尔滨工程大学出版社，2019.08.

［28］罗琼. 高校档案规范化管理探析［M］. 延吉：延边大学出版社，2019.05.

［29］范杰，魏相君，敖青泉. 信息化视角下高校教学档案的建设与管理［M］. 长春：东北师范大学出版社，2019.04.

［30］吴玫主. 江苏高校档案工作探索与研究［M］. 南京：东南大学出版社，2019.10.

［31］张蓉. 现代管理科学方法在档案工作中的应用实践［M］. 南昌：江西科学技术出版社，2019.03.

［32］杨洋. 高校档案管理的创新研究［M］. 吉林教育出版社，2019.05.

［33］赵红霞. 高校档案管理与服务研究［M］. 北京：原子能出版社，2019.09.